SCM

Stiftung Christliche Medien

SCM ist ein Imprint der SCM Verlagsgruppe, die zur Stiftung Christliche Medien gehört, einer gemeinnützigen Stiftung, die sich für die Förderung und Verbreitung christlicher Bücher, Zeitschriften, Filme und Musik einsetzt.

3. Gesamtauflage 2021
1. Auflage mit Stickern

© 2014 SCM Verlag in der SCM Verlagsgruppe GmbH
Max-Eyth-Straße 41 • 71088 Holzgerlingen
Internet: www.scm-verlag.de; E-Mail: info@scm-verlag.de

Illustration: Tanja Husmann | Satz: Ole Husmann | Freiburg
Gestaltung: Dekoartistda GbR, Ole + Tanja Husmann, Freiburg
Druck und Bindung: dimograf
Gedruckt in Polen
ISBN 978-3-417-28930-5
Bestell-Nr. 228.930

Elke Pfesdorf  Tanja Husmann (Illustr.)

Mira
Himmlische Briefe für eine Prinzessin

Inhalt

Von Miras Prinzessinnen kannst du auch in der Bibel lesen. In den Klammern steht, wo du sie findest.

Mira 7

Ester (Ester 2–9) 10

Achsa (Josua 15,16-19) 16

Lea (1. Mose 29,1-26) 22

Pharaos Tochter (2. Mose 2,1-10) 28

Noa (4. Mose 27,1-7) 34

Rut (Rut 1–4) 40

Michal (1. Samuel 18,1-20 und 19,11-18) 46

Abigajil (1. Samuel 25,2-35) 52

Hanna (1. Samuel 1) 58

Die Königin von Saba (1. Könige 10,1-13) 64

Hulda (2. Könige 22) 70

Maria (Lukas 10,38-42) 76

Die geheilte Frau (Markus 5,24-34) 82

Die Frau aus Sychar (Johannes 4,1-30 und 39-42) 88

Lydia (Apostelgeschichte 16,12-15) 94

Rhode (Apostelgeschichte, 12,5-18) 100

Mira

„Mira Becker, geht uns auf den Wecker!", brüllten die Jungen der Klasse 3c hinter ihr her. Mira ging schneller. Sie wählte den Weg am Fluss entlang. Hier würde sie hoffentlich keinem der neuen Mitschüler begegnen. Immer hatten die dumme Sprüche auf Lager. Ein seltsames Geräusch drang an Miras Ohren. Sie zögerte. Verfolgten die Kerle sie etwa? Mira lauschte. Da waren Schritte: keine raschen, schnell aufeinanderfolgenden; sondern heimliche, langsame, die irgendwie gruselig wirkten. Automatisch rannten ihre Beine los. Erst hinter einer Biegung des Weges hielt Mira keuchend an. Sie blickte vorsichtig zurück. Nichts, die Straße war leer.

Missmutig strich Mira die widerspenstigen, drahtigen Locken aus ihrem Gesicht. Die hässlichen Dinger hüpften wie Sprungfedern um ihren Kopf. Sie wippten bei jedem Schritt albern hin und her, auf und ab. Dunkelblonde Haare, ein blasses Gesicht und viel zu dünne Beine. Spiralnudel-Haare und Spargelbeine, blöde Kombination, fand Mira. Sie streckte ihrem Spiegelbild im Fenster eines parkenden Autos die Zunge heraus.

Lautes Hupen ließ sie erschrocken zusammenzucken. Ein Fahrzeug rollte näher und eine winkende Hand erschien über dem Dach. „Mira!", rief jemand. Der Wagen hielt an und Opa kletterte langsam heraus. Er legte seinen Arm

um Mira. „Du bist ganz allein unterwegs! Was ist passiert? Du siehst abgehetzt aus."

Mira würde nicht zugeben, dass sie Angst vor ihren neuen Klassenkameraden hatte. Seit sie mit ihren Eltern in diese Stadt gezogen war, fühlte sie sich oft einsam und hilflos. Darüber wollte sie jetzt nicht reden. „Hallo, Opa!", sagte Mira stattdessen mit einem schiefen Lächeln.

Das Summen ihres Handys lenkte Mira ab. Im Display stand die Nummer ihrer Mutter, die sofort hektisch zu reden begann: „Mira, wo bist du?"

Die verdrehte die Augen. „Mama!", wisperte sie ihrem Opa verschwörerisch zu. Miras Mutter machte sich ständig Sorgen.

„Wir haben an der Schule auf dich gewartet. Du bist mit gesenktem Kopf einfach weitergerannt, obwohl wir laut gerufen haben."

Mira wurde plötzlich heiß. Ihre Mutter hatte gewiss die spöttischen Kommentare der anderen gehört. „Warum holst du mich ab?", murrte Mira verdrossen. „Das ist peinlich."

Opa schaltete sich ein. „Es sollte eine Überraschung sein. Oma wollte wissen, wo du jetzt zur Schule gehst", erklärte er mit seiner tiefen Stimme.

Bevor sie zum Treffpunkt fuhren, wo Mama und Oma warten würden, hielt Opa an der Eisdiele. Er kaufte vier große, majestätische Eisportionen. Mira naschte vorwitzig mit dem Finger an dem Berg aus Sahne.

„Eis vor dem Mittagessen, keine gute Idee!", schimpfte Frau Becker unfreundlich zur Begrüßung.
„Ach, was so gut schmeckt, kann nicht völlig schlecht sein!", lachte Opa und zwinkerte seiner Enkelin zu. „Wir wollen uns heute wie Könige fühlen und so richtig schlemmen."

Der fröhliche Nachmittag mit dem Besuch der Großeltern ging viel zu schnell zu Ende. Und morgen wartete wieder ein verhasster, grauer Schultag auf Mira.
Bunt war dagegen der Umschlag, der an einem Nachmittag plötzlich auf ihrem Schreibtisch lag. „Mira Becker, Uferweg 8", las das Mädchen. Die Schrift kannte Mira nicht. Große Buchstaben mit Schnörkeln gingen in eine gemalte Ranke über, die an der Seite des Papiers emporwuchs.
Ein Absender stand nicht auf dem edlen Papier. Ob die Briefmarke mit der bunten Krone echt war?

Ester

Mira nahm die Schere aus ihrem Mäppchen und öffnete vorsichtig den Umschlag. Ein zusammengefalteter Bogen aus dem gleichen marmorierten Papier fiel heraus. Neben einer Ranke mit sternenförmigen Blüten stand die Anrede:

Liebe Mira,

ich bin eine Königin, und ich werde dir von meinem Leben erzählen. Die Leute sagen, ich sei eine ziemlich ungewöhnliche Königin. Meine Geschichte begann vor langer Zeit so:

„Verbeugt euch vor mir! Ich bin der mächtige und kluge Haman. Unser König Xerxes persönlich hat mich als ersten Minister eingesetzt!", rief Haman und blickte grimmig um sich. Vor ihm knieten die starken Männer der Palastwache. Aber nicht alle: Mordechai, mein Pflegevater, blieb stehen. Er schüttelte den Kopf. Freundlich erklärte er: „Ich bete zu Gott, dem Allmächtigen. Ihn verehre ich allein!"
Haman ging beleidigt und zornig fort. Gemeinsam mit einigen Freunden heckte er einen furchtbaren Plan aus, um sich an Mordechai zu rächen. Er richtete sich gegen alle Menschen aus dem Volk Israel, die jetzt wie

Mordechai hier in Persien lebten. Sie sollten an einem bestimmten Tag umgebracht und ausgeraubt werden. Haman überredete den persischen König Xerxes und drückte das königliche Siegel unter den Erlass. Der Befehl wurde im ganzen Land bekannt gemacht.

Die Menschen gerieten in Aufregung. Mein Pflegevater Mordechai zerriss vor lauter Trauer seine Kleidung. Ich traf ihn im Garten des Palastes. Er stöhnte und sagte: „Wir müssen etwas tun! Du, Ester, musst etwas tun. Gott muss etwas tun!"

Ich hatte Angst. Ich war mit König Xerxes verheiratet. Vor ihm hütete ich ein Geheimnis: Ich diente dem Gott meiner Vorfahren, genau wie Mordechai. Xerxes wusste nicht, dass wir zum Volk Israel gehörten. Ich begann zu zittern. „Ich kann nichts machen, Mordechai, um den Befehl zu ändern."

„Du musst zum König gehen!", verlangte Mordechai.

Ich schlief nicht und aß keinen Bissen. Drei Tage später stand ich ohne Erlaubnis im Hof des Palastes. Das war gefährlich: Niemand durfte unaufgefordert beim König erscheinen. Dafür konnte man getötet werden! Ich sah König Xerxes auf seinem Thron. Er hielt sein goldenes Zepter in der Hand. Seine Berater umringten ihn. Haman war ebenfalls dabei. Ein Sonnenstrahl verfing sich in den Edelsteinen meiner Halskette. Das bunte Licht funkelte wie ein Regenbogen. Plötzlich zeigte die Spitze des goldenen Zepters in meine Richtung. Der König hatte mich bemerkt. Sollte das die Rettung bedeuten? Oder führte es ins Verderben?

„Ester, meine Königin!"

Ich hielt den Atem an.

„Ich freue mich, dich zu sehen. Ich möchte dir ein Geschenk machen!", sagte der König.

Ich lächelte vorsichtig. Dann begann ich, den ersten Teil meines Planes in die Tat umzusetzen. Leise lud ich den Gebieter zu einem Festessen ein. Den ersten Minister Haman bat ich ebenfalls zu mir. Mein eigentliches Anliegen wollte ich später vorbringen.

Ich fieberte dem Sonnenuntergang entgegen. In goldenen Bechern reichte ich beiden Männern Wein. Die Anzahl der köstlichen Speisen auf den Platten ließ sich schwer zählen. Der König war glücklich. Ich plante auch für den nächsten Tag ein Festmahl. Xerxes und Haman sagten zu.

Auch am zweiten Abend nahmen meine Gäste auf den Polstern unter dem Baldachin Platz. Sie begannen zu essen. Die Vögel im Garten veranstalteten mit ihren Liedern klangvolle Konzerte. Xerxes sagte schließlich: „Ester, Königin von Persien, du hast deinen Wunsch noch nicht genannt. Ich werde ihn dir erfüllen, und wenn es mich mein halbes Königreich kosten sollte."

„Ach!", seufzte ich. „Ich bin traurig. Mein Herz klopft vor Sorge so schnell, wie der Vogel dort im Baum sein Lied trällert. Ich würde es nicht wagen, etwas von dir zu er-

bitten und dich mit meinen Wünschen zu belästigen." Ich versuchte, die Lage einzuschätzen. Xerxes hörte mir zu. Ich wagte es, weiterzureden: „Meine Tage an deiner Seite sind gezählt. Denn ich und mein ganzes Volk, wir sollen vernichtet werden." Ich strich die zarten Perlenketten, die in meine Frisur eingeflochten waren, zaghaft aus dem Gesicht.

„Wer hat sich so etwas Scheußliches ausgedacht?!", polterte Xerxes erbost. Ich wies auf Haman. Blitzschnell durchschaute der die Lage. Er warf sich verzweifelt vor mir nieder und bettelte um Hilfe. Damit erreichte er das Gegenteil. Xerxes war empört. „Du finsterer Schurke! Niemand tritt in meinem Palast der Königin zu nahe und bedroht sie!"

Haman wurde von Soldaten abgeführt. König Xerxes' Wut ließ sich kaum besänftigen. Dennoch musste ich weiter in ihn dringen. Die Gefahr war nicht vorbei. „Bitte nimm diesen schrecklichen Erlass, der Leid über mein Volk und das ganze Land bringen wird, zurück", wagte ich zu flüstern.

Die Wachen hielten vor Schreck die Luft an. Der König lehnte meine Bitte ab!

Mich verließ alle Kraft. Vorbei, die ganze Mühe, das Schmieden der Pläne, die schlaflosen Nächte und die Gebete, alles war umsonst.

„Was mit dem königlichen Siegel versehen ist, kann niemals geändert werden!", donnerte er. Ich schluchzte

in die Ärmel meines neuen Gewandes. Fast hätte ich verpasst, was Xerxes nun verkündete: „Dein Pflegevater Mordechai soll an Hamans Stelle erster Minister werden. Der zuverlässige Mordechai erhält das königliche Siegel. Er soll einen neuen Befehl ausgeben. Ihm wird gewiss einfallen, wie er das große Unrecht an seinem Volk verhindern kann."
Ich schrie laut vor Erleichterung und Glück. Ich freute mich für Mordechai. Und für uns alle. Gottes Macht sind keine Grenzen gesetzt. Er änderte die Geschichte und Lebensgeschichten.

Ich bin Königin Ester. Und du bist Prinzessin Mira, Kind des größten Königs im Universum. Du darfst jederzeit zu ihm kommen und mit ihm reden. Du musst nicht auf das goldene Zepter und einen günstigen Moment warten. Der majestätische Gott schenkt seinen Kindern zu jeder Zeit seine ganze Aufmerksamkeit.

Viele liebe Grüße,
deine Ester

PS: Mein Name bedeutet „Stern". Manche sagten auch Hadassa zu mir. Das steht für die Myrte – einen Strauch mit weißen Blüten.

Achsa

Mira faltete den Briefbogen nachdenklich zusammen. „Stern, weiße Blüte", murmelte sie. Immer wieder musste sie an den merkwürdigen Brief und die Königin Ester denken.
„Hat mein Name Mira eine Bedeutung?", fragte sie schließlich am nächsten Tag ihre Mutter.
Die nickte. „Ja, Mira könnte man beschreiben mit ‚Die Wunderbare'."
Mira dachte vorwurfsvoll: „Klasse, mit brötchenblonden Locken. Blöde Erfindung." Grübelnd ging sie in ihr Zimmer. Dort fand sie einen weiteren bunten Umschlag. Überrascht zog Mira den Brief heraus. Einige Sandkörner rieselten auf den Boden.

Liebe Mira,

kannst du dir vorstellen, ständig unterwegs und nirgendwo zu Hause zu sein? Mein Name ist Achsa. Ich bin die Tochter des mutigen Kaleb. Mit meiner Familie und meinem Volk wanderte ich vor langer Zeit durch die Wüste. Der körnige Sand, der Wind und Gott begleiteten uns jeden Tag. Wir hatten keine Heimat, die wir uns so sehr wünschten.

Die Felsen waren warm von der Sonne. Meine Hand suchte in dem rissigen Gestein einen Halt. Mit dem Fuß drückte ich mich ab. Unter mir war nichts als Luft, die vor Hitze flimmerte. Vorsichtig schob ich mein Bein vorwärts. Ich kletterte allein. Aufmerksam zog ich mich noch ein Stück höher. Die Menschen unten am Berg waren klein wie Ameisen. Und genauso emsig wirbelten sie zwischen den Zelten hindurch. Sie trugen Lederschläuche, voll mit Wasser. Andere schleppten Stangen und Felle.
Die Tiere, die wir mitführten, brüllten wild durcheinander. Sie waren durstig. Ich wollte für die Ziegen, um die ich mich kümmerte, ein paar Kräuter sammeln. Die wuchsen häufig zwischen den Steinen. Ich stieg gerne in den stillen Felsen herum. Hier konnte ich gut nachdenken und den Alltag eine Weile vergessen.

Endlich entdeckte ich eine Spur von Grün. Glücklich pflückte ich die begehrten Kräuter und steckte sie in meinen Beutel. Der Abstieg war schwierig und ich brauchte lange. Vor unserem Zelt wartete mein Vater Kaleb bereits ungeduldig. Er lachte. In seinem Gesicht zeigte sich eine Mischung aus Aufregung und Vorfreude.
„Achsa, morgen ist es so weit! Gott wird uns endlich in das Land bringen, das er uns versprochen hat! Nach so langer Zeit in der Wüste bekomme ich mein Erbteil. Ich kann es kaum noch abwarten!"
Ich umarmte meinen Vater. Er wurde ernst. Er wies auf den Platz vor dem Eingang und ich setzte mich hin.

Gespannt wartete ich darauf, was mein Vater erzählen wollte.

„Achsa, in unserer neuen Heimat möchtest du gewiss eine eigene Familie, um die du dich kümmern kannst. Du willst einen Haushalt und Tiere, die du versorgst."

Ich nickte, obwohl es mir schwerfallen würde, meinen Vater nicht mehr jeden Tag zu sehen. Seit ich laufen konnte, hatte er mir von Gott, dem Schöpfer, erzählt. Ich fühlte mich geborgen, obwohl wir ständig unterwegs waren.

„Ich habe eine Idee, um einen besonderen Ehemann für dich zu finden. Wer morgen die Stadt Debir erobert, der ist ein mutiger Mensch. Er verlässt sich ganz und gar auf Gott. Dieser Held soll in unsere Familie aufgenommen werden", erklärte Kaleb. „Ich bin stolz auf dich, Achsa. Du bist meine Tochter. Du bist das Wertvollste, was mir Gott anvertraut hat."

Umständlich wühlte Kaleb in einigen Dingen herum. Er zog eine Kette hervor. Ihre bunten Edelsteine glänzten. „Dein Name Achsa bedeutet Fußspange. Ich habe dir diese Kette mitgebracht. Du kannst sie an deinem Knöchel tragen. Erinnere dich an uns, wenn du sie anschaust! Der goldene Stein an der Spange leuchtet wie Gottes Segen. Gott ist unser König, der uns überallhin begleitet. Es ist sein Land, das wir betreten und das er uns schenkt. Ich werde dir etwas von meinem Erbe abgeben. Für den Segen ist Gott zuständig: der Regen, die Wärme der Sonne, eine gute Ernte, Gesundheit, Frieden. Nur der Schöpfer selbst ist mächtig genug dafür. Er sorgt für uns und für dich, du Prinzessin der Wüste und Kind des Königs. Gott ist zu jeder Zeit bei uns. Auch wenn du in den hohen Bergen bist, wenn ein Sturm wütet oder wir nicht mehr weiterwissen. Wir rufen zu ihm und er hilft uns." Kaleb verstummte und wir sahen zu, wie die Sonne unterging.

Der nächste Tag wollte nicht vergehen. Ich kletterte erneut auf den Berg. Ungeduldig versuchte ich, etwas von der Eroberung zu sehen. Doch der Staub wehte durch die Täler und verbarg das Geschehen. Ich war überrascht, als die Männer zurückkehrten. Auch ich beeilte mich, unser Zelt zu erreichen. Mein Vater brachte Otniel mit. Sie waren beide schmutzig, hungrig und durstig, aber siegreich. Die Stadt Debir hatte sich ergeben.
„Otniel, Achsa! Ihr werdet heiraten und ihr sollt ein Stück Land bekommen!", sagte Kaleb feierlich. Dann zog er los, um die Neuigkeit allen anderen mitzuteilen.

Otniel schaute mich an und wisperte: „Ich habe viel von dir gehört, Achsa. Ich freue mich! Dein Vater Kaleb hat uns etliche Gebiete im Süden überlassen. Und Tiere und Zelte und Vorräte. Er ist ein großzügiger Mensch."
„Die Sache hat einen Haken! Der Süden ist trocken. Wo werden wir Wasser finden? Kannst du Brunnen graben?", fragte ich.
Otniel starrte entsetzt in mein Gesicht.
Ich sagte forsch: „Nein? Ich schaffe den Brunnenbau

auch nicht. Wir werden meinen Vater fragen, ob er uns ein paar Quellen zusätzlich abtritt." Schon war ich unterwegs und Otniel lief hastig hinter mir her. Er versuchte, meine Hand festzuhalten und mich zu stoppen.

„Nein!", widersprach er betroffen. „Wir können deinen Vater nicht um weitere Geschenke bitten. Das wäre undankbar und maßlos. Wir müssen mit dem auskommen, was wir haben. Es ist ohnehin viel zu kostbar."

„Wir brauchen das Wasser doch für uns, die Pflanzen und die Tiere! Warum sollten wir nicht darum bitten?", fragte ich ein wenig verwundert. Ich streichelte im Vorbeigehen einen Esel und suchte im Gewühl des Lagers meinen Vater.

„Was möchtest du, Achsa?", wollte er wissen und musterte mich neugierig.

Ich schilderte ihm das Problem. Otniel bekam rote Ohren. Er erwartete einen Wutausbruch meines Vaters. Doch der blieb aus.

„Wie konnte ich die Quellen vergessen?", rief Kaleb. „Ihr sollt sie besitzen und nutzen, so wahr ich hier stehe. Frisches Wasser ist so nötig wie Gottes Hilfe!"

Am nächsten Morgen brachen Otniel und ich in unser neues Land auf. Kaleb winkte uns lange hinterher.

Viele Grüße,
Achsa

Mira staunte nicht schlecht. Von Achsa hatte sie noch nie etwas gehört. Aber wie Esters Erzählung stand auch ihre Geschichte in der Bibel, im Buch Josua. „Woher kommen nur diese Umschläge? Werde ich noch mehr von Prinzessinnen erfahren?", fragte sich Mira. Mit dem Fuß schob sie den Sand zusammen. Irgendwie freute sie sich schon auf morgen. Und das war ein schönes Gefühl.

Lea

Den nächsten Umschlag fand Mira bereits am folgenden Vormittag in der Schule. Der Brief steckte neben ihrem Pausenbrot im Ranzen. Schnell lief sie auf den Hof. Sie dachte an Achsa, die auf hohen Felsen Ruhe suchte. Mira wählte stattdessen einen Baum. Nach einem Fehlversuch hockte sie auf einem breiten Ast. Das grüne Blätterdach verbarg das Mädchen.

Liebe Mira,

am liebsten hätte ich mich an manchen Tagen in unserem Haus verkrochen. Ich war wie ein einfacher Krug aus Ton, an dem man die Verzierung vergessen hatte. Nichts Besonderes. Die ganze Aufmerksamkeit nahm meine jüngere Schwester Rahel in Anspruch. Rahel war hübsch. Sie lächelte den ganzen Tag. Sie sang, hüpfte und tanzte. Wenn man in ihre großen Augen schaute, geriet man ins Träumen. Meine dagegen glotzten stumpf wie ein Rind. Und mein Gesicht war breit wie ein Fladen. Wenn ich versuchte, wenigstens etwas Schminke zu benutzen, kicherte meine Schwester. Sie nahm mir den Löffel mit dem feinen Pulver aus der Hand. „Ich helfe dir!", sagte sie. Doch meistens ging ich beleidigt davon und Rahel puderte ihre eigenen Wangen. Sie strahlte vor

Schönheit und duftete wie eine Blüte. Ich beobachtete neidisch, dass ihre Freundinnen und Bewunderer immer zahlreicher unseren Hof bevölkerten.

Rahel und ich stritten uns häufig. Sie war nicht immer ehrlich, doch sehr clever. Es war schwer, ihre Lügen zu beweisen.

Mein Vater Laban hatte für jede von uns eine Aufgabe. Rahel sollte tagsüber das Vieh hüten und es zum Brunnen führen. Ich kümmerte mich um den Haushalt. Die Mägde halfen mir beim Brotbacken, Spinnen und Weben. Alles klappte prima. Mein Vater lobte mich für meine gute Arbeit. Aber ich konnte mich nicht darüber freuen.

Laban bemerkte, dass ich traurig war. Er sagte: „Gott hat einen Plan mit jedem von uns. Er hat etwas mit dir vor. Und er braucht genau dich dafür, genau so, wie du bist. Sollte etwas fehlen, wird er es dir schenken. Du bist seine geliebte Prinzessin, habe Geduld!"

Die hatte ich nicht. Ich bekam schlechte Laune. Ich war neidisch. An manchen Tagen schimpfte ich nur herum. Es tat mir später leid und ich suchte Zuflucht hinter dem großen Webstuhl. Der stand aufrecht im Hof. Zunächst musste man die abgeschnittene Schafwolle auseinanderzupfen. Mit Kämmen entwirrten und reinigten wir sie. Später wurde sie zu Fäden gedreht. Die wickelte man auf eine Spindel. Aus diesen vorbereiteten Wollfäden stellten wir Stoffe und Kleidung her. Es dauerte lange, bis alles

fertig war. Häufig trafen sich viele Frauen im Hof. Wir arbeiteten gemeinsam, redeten und sangen.
Gerade saß ich alleine unter dem kleinen Dach. Es war friedlich und ich dachte nach. Leise begann ich zu beten. Gottes Zusagen machten mir Mut und trösteten mich. Plötzlich unterbrach Rahel meine Gedanken. Sie kam viel zu früh nach Hause! Auch ging sie nicht müde wie sonst, sondern trieb die Tiere zur Eile an. Aufgeregt rief sie schon von Weitem: „Wir haben Besuch! Jakob, unser Vetter, wartet am Brunnen. Er ist stark! Ganz allein hat er den schweren Stein vom Loch des Brunnens gewälzt und mir beim Tränken der Herde geholfen. Wir haben miteinander geredet. Er ist klug. Und er sieht gut aus!" Rahel hörte gar nicht auf, von dem Mann zu schwärmen. Nach einer Weile lief mein Vater los und kam schließlich mit diesem Jakob zurück.

Es gab viel zu erzählen. Jakob berichtete von seiner Wanderung und seinen Eltern. Während des Essens schaute er immer wieder zu Rahel. Und sie erwiderte seinen Blick. Mich beachtete Jakob nicht. Ich fühlte mich noch hässlicher und unbedeutender als sonst. Es dauerte lange, bis ich an diesem Abend einschlafen konnte. Ich dachte an Jakob.

Jakob blieb bei uns und arbeitete für meinen Vater. Er war geschickt und fleißig und für Laban eine willkommene Hilfe. Ich hörte, dass mein Vater mit Jakob verhandel-

te. Es ging um Lohn und darum, ob und wie lange Jakob bleiben wollte. Ich blieb unauffällig in der Nähe. Heimlich belauschte ich die beiden Männer. Laban räumte Jakob Vorteile ein und war nett zu ihm. Jakob war auf der Hut. „Ich bleibe sieben Jahre und arbeite für dich, Laban. Anschließend werde ich Rahel heiraten!" Mein Vater nickte schließlich und die Männer gaben sich die Hand. Jakob verschwand, um ein letztes Mal an diesem Tag nach der Herde zu schauen.

Ich eilte zu Laban und zischte entsetzt: „Das geht doch nicht! Was soll aus mir werden? Werde ich für immer alleine bleiben und mir Rahels Glück anschauen müssen? Ich bin deine älteste Tochter! Du kannst Rahel, die jünger ist als ich, nicht vor mir weggeben und verheiraten."

Laban zwinkerte mir listig zu. „Das ist nicht meine Absicht, Lea. Sieben Jahre sind lang und in dieser Zeit wird viel geschehen. Wir werden reich werden. Dieser Jakob ist wirklich jemand, dem alles gelingt und der gute Ideen hat. Bitte erzähle ihm nichts von unserer Sitte, erst die älteren Kinder eine Familie gründen zu lassen. Das bleibt unser Geheimnis. Jakob soll arglos bleiben und fleißig auf seinen Lohn hinarbeiten. Was er bekommt, lass meine Sorge sein."

Ich hatte ein ungutes Gefühl. Welchen Plan verfolgte Laban? Unterschätzte er Jakob nicht? Der war schlau und ließ sich nicht leicht hereinlegen. Er hatte, genau wie mein Vater, oft den eigenen Vorteil im Sinn. Auf andere nahm er selten Rücksicht.

Es folgten schwierige Jahre für mich. Ich versuchte immer daran zu denken, dass Gott einen Plan für mich hat. Manchmal gelang es mir gut, an anderen Tagen gar nicht. Ich wollte nicht mehr warten. Und so kam es wohl, dass ich mich schließlich auf eine seltsame Abmachung einließ. Nach den sieben Jahren, die Jakob für Laban gearbeitet hatte, fand die Hochzeit statt. Aber nicht Rahel wurde, wie versprochen, die Braut – sondern ich, Lea, heiratete Jakob. Ich, die unscheinbare ältere Tochter, bekam den Mann. Meine junge, schöne Schwester Rahel hatte das Nachsehen. Durch eine kleine List wurde ich Jakobs rechtmäßige Ehefrau.

Jakob fühlte sich betrogen. Er war nicht sonderlich freundlich zu mir. Auch mit Laban verstand er sich nicht mehr gut. Sie waren beide misstrauisch und neidisch. Jeder hatte Angst davor, dass der andere erfolgreicher war. Schließlich wollte Jakob zurück in seine Heimat. Ich wusste nicht, was mich dort erwartete. Doch ich konnte sicher sein, dass Gott bereits dort war. Er begleitet uns auf schwierigen Wegen. Er behütet uns wie einen kostbaren Schatz und nimmt uns in Empfang. Darauf vertraute ich. Gott meinte es trotz allem, was passiert war, gut mit mir.

Viele Grüße,
Lea

Pharaos Tochter

Auf den nächsten Umschlag hatte jemand eine Pyramide gemalt. Mira entdeckte den Brief neben dem Kaktus auf der Fensterbank, als sie hungrig aus der Schule kam. Sofort begann sie zu lesen.

Liebe Mira,

Nil, Krokodile und Pyramiden fallen dir bestimmt ein, wenn du an das Land Ägypten denkst.
  Ich wurde als ägyptische Prinzessin, eine Tochter des Pharaos, geboren. Der Pharao war der Herrscher über Ägypten. Was er sagte, wurde gemacht. Doch es gibt einen Gott, der mächtiger ist als der Pharao. Dieser Gott hält seine schützende Hand über seine Kinder.

Ich saß an meinem Lieblingsplatz am Wasser. Alle, die zum Pharao wollten, mussten diesen Hof überqueren. Ich bekam mit, wenn wichtige Entscheidungen getroffen wurden. Heute war der Pharao sehr schlecht gelaunt. Laut brüllte er: „Das glaube ich nicht! Jetzt lasse ich diese Hebräer schuften – dieses Volk, das aus Israel hierhergekommen ist. Sie müssen harte Arbeit verrichten und mir dienen. Trotzdem werden immer mehr Kinder ge-

boren! Diese fremden Menschen brauchen zu viel Platz. Sie essen unser Getreide. Sie werden gefährlich!"
Ich betrachtete mein Gesicht im Spiegelbild des Wassers. Meine Augen waren mit zierlichen schwarzen Strichen angemalt. Ich trug bunte Halsketten und goldene Spangen an den Armen. Um mich herum tobten einige Kinder. Sie gehörten nicht zu unserem Volk, den Ägyptern. Dennoch lebten sie im Palast, um unsere Kultur kennenzulernen. Der Pharao war offen und großzügig. Deshalb wunderte ich mich über seinen Zorn. Ich trat hinter eine Säule und lauschte weiter.
„Jetzt ist Schluss! Ich erlasse ein Gesetz. Die neugeborenen Jungen der Fremden sollen nicht am Leben bleiben!"
Ich erschrak. Was für ein schrecklicher Plan! Wie traurig würden die Familien sein!

Die nächste Zeit verbrachte ich im Palast. Ich wagte mich wochenlang nicht hinaus. Ich wollte die Tränen der Menschen aus Israel nicht sehen. Doch es war heiß. Ich schwitzte. Meine Dienerin sagte: „Wir sollten an den Fluss, den Nil, gehen. Wir nehmen ein Bad und kühlen uns ab! An der Stelle, wo das Schilf hoch wächst, werden wir ungestört sein!"
Ich gab nach und wir machten uns auf den Weg.

Die Wellen rollten träge ans Ufer. Kein Windhauch raschelte im Schilf. Und dennoch bewegten sich die Halme. Seltsame Geräusche drangen an mein Ohr. Ein

leises Plätschern, schnelles, verhaltenes Atmen und plötzlich ein lauter Schrei. Ich zuckte zusammen. „Irgendetwas lauert im Gras!", jammerte meine Begleiterin ängstlich. „Vielleicht ist es ein Krokodil!"
Langsam schob ich einige Halme zur Seite. Ein geflochtenes Körbchen hatte sich im Schilf verfangen und dümpelte im seichten Wasser. „Hör auf zu heulen und hol das Ding aus dem Fluss!", befahl ich der Dienerin, die hinter mir Schutz gesucht hatte. Widerstrebend watete sie los und brachte den Fund zu mir. Ich schaute vorsichtig hinein. Dort lag ein Baby! Es war ungefähr drei Monate alt und riss seinen Mund zu einem Gähnen auf. Nun fing das Kerlchen an zu weinen. Beruhigend schaukelte ich den Binsenkorb.

Die Seiten waren ordentlich mit Pech verschmiert und abgedichtet worden. Nicht ein Tropfen Flusswasser war eingedrungen. „Es ist gewiss einer von den Jungen, die der Pharao töten will", dachte ich. Das Baby tat mir leid. Ich wusste nicht, was ich machen sollte. Würde ich es fertigbringen, das Kind im Korb zurück auf das Wasser zu setzen? Vielleicht fand ein anderer das Körbchen und kümmerte sich um das Baby? Und wenn nicht? Dann war ich mit schuld, wenn der Junge starb. So kleine Säuglinge verhungerten rasch. Eine größere Welle würde den Korb kentern lassen. Ich mochte gar nicht daran denken. „Dieses Kind habe ich gefunden. Ich werde es retten. Niemand wird ihm etwas Böses antun!", sagte ich wild entschlossen.

Da teilte sich das Schilf. Ein Mädchen beobachtete mich mit einer Mischung aus Feindseligkeit und Bewunderung. Es hatte anscheinend bisher keine Prinzessin aus der Nähe betrachtet. Ich vermutete, dass dieses Mädchen die große Schwester des Babys war. Sie wirkte unglücklich. Und doch schien sie all ihren Mut zusammengenommen zu haben, um das Versteck zu verlassen. Mit den Füßen stand sie im Wasser, die Hände ballte sie zur Faust.

„Wie heißt du?", fragte meine Dienerin.

„Mirjam", murmelte das Mädchen unfreundlich. Ihre Augen wanderten zwischen dem schreienden Baby und mir hin und her. „Er hat Hunger!", sagte Mirjam. Ich nickte unsicher. Auf einmal lächelte sie: „Er braucht eine Amme, die ihn an der Brust Milch trinken lässt. Ich kenne eine!" Über ihre Klugheit und diese Furchtlosigkeit staunte ich. Tapfer lief das Mädchen los. Kurze Zeit später kam Mirjam mit einer Frau zurück. Das musste ihre Mutter sein. Die beiden trugen ähnliche Gewänder. Mir fielen verräterische dunkle Flecken auf. Sicher waren es die Reste des Peches, mit dem sie den Korb verklebt hatten. Ich ließ mir nicht anmerken, dass ich die Frau durchschaut hatte. Stattdessen erklärte ich: „Nimm dieses Kind mit. Du sollst es stillen. Ich werde dich dafür bezahlen." Die Frau aus dem Volk Israel konnte ihre Freude nicht verbergen. Ihre Augen strahlten vor Glück. Mirjam hüpfte auf und ab.

„Wenn der Junge alt genug ist, wird er im Palast des

Pharaos wohnen. Ich werde ihn adoptieren und mich um seine Ausbildung kümmern. Er soll Mose heißen, weil ich ihn aus dem Wasser gezogen habe!", bestimmte ich.

Die fröhlichen Stimmen der beiden, als sie mit dem geretteten Baby davoneilten, konnten wir noch lange hören. Sie bedankten sich bei ihrem großen Gott für dieses Wunder. Ich dachte später oft daran zurück. Dieser Gott hatte die beiden Kinder besonders beschützt. Er hatte viel mit ihnen vor. Mose und Mirjam führten ihr Volk einige Jahre später aus Ägypten in eine bessere Zukunft. Im versprochenen Land Israel war nur ihr Gott der König. Er kümmerte sich um die Menschen. Er kannte jeden einzelnen mit Namen und liebte ihn. Gott hatte Pläne, die auch ein Pharao nicht durchkreuzen konnte. Dieser Gott ist ein wirklicher König! Ihm gelingt alles, was er sich vornimmt. Er macht seine Kinder stark für ihre Wege mit ihm.

Ich wünsche dir Mut, liebe Mira. Für Gott ist nichts unmöglich! Ich staune darüber, wie überraschend er handelt.
Viele Grüße aus Ägypten sendet dir
die Tochter des Pharaos

Noa

„Es wäre echt toll, eine Prinzessin zu sein!", dachte Mira ein wenig neidisch. „Ich würde in einem riesigen Palast leben. Ich hätte nicht nur ein Zimmer, sondern ganz viele. Die Lehrer kämen zu mir. Meine Fehler müssten sie übersehen und immer nett sein. In einen großen Saal lade ich meine Freundinnen ein. Alle fühlen sich geehrt, wenn sie mich besuchen dürfen!" Der nächste Brief ließ Miras Träume zerplatzen und holte sie in die Gegenwart zurück.

Liebe Mira,

ich hatte vier Schwestern. Seit mein Vater Zelofhad gestorben war, mussten wir alleine klarkommen. Wir lebten gemeinsam in einem Zelt und wanderten mit unserem Volk durch die Wüste. Nachdem wir aus Ägypten geflohen waren, ist eine Menge passiert. Dieser Mose, den die Tochter des Pharaos gerettet hatte, wurde zum Anführer. Tagsüber folgten wir einer Wolkensäule und nachts einer hellen Flamme. Gott leitete seine Kinder selbst. Er gab die Richtung vor und bestimmte, wo und wann ein Lager aufgeschlagen wurde. Der heilige Gott herrschte als König. Er versorgte uns mit Wasser und Nahrung. Wir freuten uns auf das Land, das Gott uns versprochen hatte. Dort sollte jede Familie ein Gebiet bekommen, wo sie leben und arbeiten konnte.

Wir saßen vor unserem Zelt, träumten und ruhten uns aus. Auf einmal sagte meine Schwester Milka schonungslos: „Wir werden sowieso leer ausgehen! Für uns und unsere Tiere gibt es keine Rettung. Nur die Männer sollen Felder, Wälder und Quellen als Erbe erhalten. Unser Vater Zelofhad ist tot. Er kann uns nicht mehr versorgen. Söhne hatte er keine, die sich um uns kümmern könnten. Nur uns fünf Töchter."

„Milka, Tirza, Hogla, Machla und mich, Noa", zählte ich im Stillen auf. Laut protestierte ich: „Woher willst du wissen, dass uns kein Gebiet zugeteilt wird? Das wäre ungerecht!"

„Da kann man nichts machen", verzichtete Hogla sofort. „Wir müssen uns eben irgendwie als Mägde durchschlagen."

„Unsinn, wir machen einen Aufstand! Wir suchen uns Verbündete! Mose wird schon sehen, was er davon hat, wenn er uns benachteiligt!", hetzte Tirza. Sie sprang auf und wollte zu unseren Nachbarn laufen.

„Langsam, nichts überstürzen!", besänftigte Milka unsere Schwester. „Heute werden wir gar nichts mehr tun. Wir sollten aber einen Plan machen!"

„Wozu denn?", maulte Hogla. „Das bringt nichts. Höchstens Ärger! Wir sind nicht einflussreich genug." Sie rupfte ein hartes, trockenes Grasbüschel aus dem Boden.

„Unser Vater Zelofhad sagte, dass wir Prinzessinnen sind! Wir sind wichtig. Wichtig für Gott, den König, und für unseren Vater Zelofhad. Wisst ihr noch?", widersprach Tirza entschlossen.

„Was ist eine Prinzessin?", wollte Machla wissen und wickelte eine Haarsträhne um ihren Zeigefinger.
Milka erklärte: „Eine Prinzessin ist die Tochter eines Königs und einer Königin. Ihre Eltern bereiten die Prinzessin darauf vor, dass sie später vielleicht selbst eine Königin wird. Prinzessinnen sollten klug und ehrlich sein. Das Wichtigste ist, dass sie ein gutes Herz haben. Sie müssen wissen, was andere Menschen bekümmert. Oder worüber sie sich freuen. Prinzessinnen achten auf sich und andere. Sie haben eine große Verantwortung."
„Ich will mich um Zelofhad kümmern. Der Name unseres Vaters darf nicht vergessen werden. Das hat er nicht verdient", schaltete sich Tirza wieder ein.

Eine Weile schwiegen wir. Jede grübelte, wie wir das Problem lösen könnten. Plötzlich fragte Milka streng: „Wo ist die kleine gescheckte Ziege, die ständig fortläuft?"
Ich wurde ein wenig rot. Für die Herde war ich verantwortlich. Wir hatten nicht viele Tiere und deshalb durften wir keines verlieren. Ich klopfte rasch den Sand von meinem Gewand und rannte los. Überall rasteten Männer und Frauen. Die Kinder schliefen oder spielten. In der Mitte des Lagers stand das heilige Zelt. Eine Ansammlung von Männern hatte sich dort um Mose geschart. Sie trugen Beschwerden vor oder stellten Fragen. Mose hörte jedem Einzelnen zu, urteilte oder fand einen Ausweg. Es war spannend, hier zu stehen und alles mitzubekommen.

Ein leises „Mäh" erinnerte mich an meinen Auftrag. Ich entdeckte unsere Ziege, die an einem dürren Strauch herumknusperte. Nachdenklich trieb ich sie zurück. Würde Mose auch über unser Erbe verhandeln?

Tagelang diskutierten meine Schwestern und ich. Sollten wir Mose wirklich bitten, uns Land zuzuteilen? Und wie sollten wir vorgehen? „Wir müssen gemeinsam handeln. Für unseren Vater!", sagte ich entschlossener, als ich mich fühlte. Diese Sache war mir wichtiger als alles andere. Ich konnte sonst gut verzichten und zurückstehen. Doch dieses Mal ging es um die Erinnerung an Zelofhad und um unser Überleben. Nachts konnte ich nicht schlafen. Ich hatte Angst. Vielleicht würde man uns wegschicken und verstoßen, weil wir etwas Unmögliches forderten?

Schließlich standen Milka und ich direkt vor Mose. Er blickte uns an. Sofort wurde mir bewusst, wie ich aussah. Mein Gewand war mehrfach geflickt und zu kurz. Meine dünnen Beine ragten wie Zeltstangen aus dem Stoff. Irgendwie erbärmlich. Bevor meine Schultern hoffnungslos nach vorne fallen konnten, gab mir Tirza von hinten einen Stoß. „Wir sind Prinzessinnen!", zischte sie mir zu. Ich verstand, was sie sagen wollte. Egal wie wir aussahen und wie wir uns fühlten: Für den königlichen Gott waren wir alle wichtig. Ob Mose das auch wusste? Würde er uns ernst nehmen? Oder standen wir gleich

fürchterlich blamiert da? Alle anderen Zuhörer schienen uns bereits spöttisch anzuschauen. Ich versuchte, meine Füße ruhig zu halten, als Milka unser Problem schilderte. „Wenn seine Familie kein Land besitzt, wird niemand mehr an unseren Vater Zelofhad denken. Er war ein mutiger Mann. Sein Name darf nicht in Vergessenheit geraten. Du musst uns in seinem Namen Land verschaffen, Mose!", sagte Milka.
„Land für die Töchter Zelofhads!", forderte Tirza entschlossen. Machla und Hogla nickten. Ich wartete angespannt auf Moses Reaktion. Würde er uns auslachen? Mose wirkte nachdenklich. Er ging in die Stiftshütte und wir warteten. Es schien ewig zu dauern. Endlich kehrte Mose zurück und verkündete: „Die Töchter Zelofhads haben recht, sagt Gott! Sie sollen ebenfalls ein Erbe bekommen, ein Gebiet vom versprochenen Land!"
Den Rest der Erklärung hörte ich nicht mehr. Ich war einfach nur froh. Wir hatten um etwas gebeten. Und Gott, der König, hatte sich um uns gekümmert. Er wollte, dass es uns gut ging. Für ihn war es unwichtig, wie wir aussahen oder wie viel Geld wir hatten. Gott verschaffte uns Gerechtigkeit.

Viele Grüße,
Noa, die Tochter des Zelofhad

Rut

„Hm, Prinzessinnen dürfen auch nicht alles? Sie müssen für die gute Sache kämpfen?" Mira dachte nach und schämte sich fast ein wenig für ihren Traum vom Palast. Trotzdem wäre sie gerne eine Prinzessin. Es hätte bestimmt Vorteile. Sie müsste sicher nicht ihr Zimmer aufräumen … Mira zählte die edlen Umschläge, die sie in ihr Regal gestellt hatte. Fünf waren es bisher. Ob sie noch mehr Post bekäme? Und wer verschickte bloß diese Briefe?

Der nächste lag unter einem Stapel Kleidung. Mira fand die Botschaft, als sie endlich alle T-Shirts in den Schrank geräumt hatte.

Liebe Mira,

ich bin Rut aus dem Land Moab. Dort lebte ich mit meiner Schwiegermutter. Sie hieß Noomi und hatte mir viel von dem Gott ihrer Vorfahren erzählt. Es machte mich fröhlich, dass dieser Gott ganz nah und lebendig ist. Er kannte meinen Namen. Er wusste, wie es mir ging und was mich beschäftigte. Momentan führte ich nicht genau das Leben, das ich mir erträumt hatte. Am liebsten wäre ich noch glücklich verheiratet. Aber mein Mann war gestorben, sodass ich Witwe genannt wurde. Oft war ich traurig und einsam. Meine Schwiegermutter Noomi verstand mich gut. Auch sie war Witwe. Sie plante, zurück in ihre Heimat zu ziehen und wieder wie früher in Bethlehem zu wohnen. Ohne Noomi wollte ich überhaupt nicht sein. Wer würde mit mir beten und mir die wunderbaren Geschichten über den König der Welt erzählen?

Noomi packte das Wenige, was sie besaß, und verabschiedete sich. Ich begleitete sie, doch Noomi wollte mich zurückschicken.

„Auf keinen Fall!", brachte ich mühsam heraus. Ich blinzelte ein paar Tränen fort. „Ich will bei dir bleiben. Wohin du gehst, dorthin gehe ich auch. Wo du bleibst, da bleibe ich ebenfalls."

„Du kennst dort niemand. Alles wird fremd für dich sein!", widersprach Noomi.

„Ich kenne *dich*!", sagte ich.

Noomi schaffte es nicht, mich zu überzeugen. Nach einer langen, manchmal mühsamen Wanderung erreichten wir gemeinsam Bethlehem. Die Bewohner erkannten Noomi und begrüßten uns. Meinten sie es gut mit uns? Ich konnte das nicht einschätzen. Zu viel Neues strömte auf mich ein. Gesichter und Häuser. Tiere, die zwischen den Höfen herumstreunten. Wege, über die ich das erste Mal lief.

Am nächsten Morgen weckte mich das Knurren meines Magens. Wir waren arm. Wenn wir nicht aufpassten, würden wir sogar verhungern.

„Es ist gerade Gerstenernte. Ich werde auf ein Feld gehen. Dort sammele ich die heruntergefallenen Ähren ein", beschloss ich. „Wenn ich ohne Pause arbeite, sollte ich eine schöne Portion für uns zusammenbekommen."
Noomi lächelte: „Ein guter Plan, Rut! Ich werde mich ein wenig umhören und ein paar fehlende Dinge besorgen. Meine Freundinnen von damals werden uns gewiss aushelfen."

Ängstlich zog ich los, um die Erde eines Ackers abzusuchen. Vorsichtig und möglichst unauffällig beobachtete ich meine Umgebung. Was würden die anderen Arbeiter zu mir sagen? Vielleicht: „Geh weg, wir wollen dir nichts abgeben! Du gehörst nicht zu uns!"? Würden sie mich mit erhobenen Sensen oder geworfenen Kieseln fortjagen? Genau das Gegenteil passierte. Ich durfte bleiben und ungestört arbeiten. Ich sammelte fast ohne Unterbrechung. Mein Rücken begann zu ziehen, weil ich mich so oft bückte. Dennoch freute ich mich darauf, die Körner zu mahlen und Brot aus dem Mehl zu backen. Plötzlich kam ein Mann auf mich zu. Ich erschrak. Würde er mir alles wegnehmen? Wie sollte ich mich wehren? Ich wollte meine Gerstenreste nicht kampflos abgeben! Verängstigt und doch ein wenig trotzig schaute ich ihn an. Ich ballte meine Hände zur Faust.
„Ich heiße Boas", sagte er höflich. „Jeder hier erzählt, dass du dich um Noomi kümmerst. Du tröstest sie und lässt sie nicht im Stich. Noomi und ich sind verwandt.

Grüße sie von mir!" Boas lud mich ein, mit seinen Mägden zu essen. Ich staunte über so viel Freundlichkeit. Noomi war begeistert, als sie abends das Getreide sah. „Gott hat uns nicht vergessen!", jubelte sie. „Er hat gute Regeln für sein Volk aufgestellt. Arme werden versorgt. Reiche teilen, was Gott geschenkt hat. Du solltest Boas vielleicht besser kennenlernen, Rut!" Noomi lächelte. Sie hatte oft ungewöhnliche und geniale Einfälle. Ich ließ mich von ihrem Ideenreichtum anstecken. Wir schmiedeten Pläne und knabberten dabei geröstete Körner.

Ich ging während der ganzen Erntezeit auf die Felder von Boas. Am Ende der arbeitsreichen Tage redete ich mit Noomi. Allmählich entdeckte ich meine neue Heimat. Bald kannte ich unsere Nachbarn, jede Furche im Boden und alle Steinbrocken, die auf den Wegen lagen.

Ich sah fast nichts, als ich eines Abends auf die Straße trat. Die Dunkelheit wickelte sich bedrohlich um die Sträucher und Gebäude. Ich war auf dem Weg zur Scheune. Boas würde dort sein. Vorsichtig setzte ich einen Fuß vor den anderen. Die Vögel waren längst schlafen gegangen. Die Stille der Nacht hüllte mich ein. Mir war ein wenig unheimlich in der Finsternis. Fast wäre ich gegen die Scheune gelaufen! Im letzten Moment huschte ich hinein, ohne an einen Balken zu stoßen. Ich war gespannt, was nun geschehen würde. Als Boas mich erblickte, war er ein wenig erstaunt. Je länger unser

Gespräch dauerte, desto heiterer wurde er. Boas füllte schließlich Gerste in ein Tuch und reichte es mir. Ich stammelte einen verlegenen Dank.

Ein paar Tage später machte Boas mir einen Heiratsantrag. Noomi schmunzelte zufrieden. Ich fand nie heraus, was sie alles für mich eingefädelt hatte. Als mein Sohn Obed geboren wurde, strahlte Noomi vor Glück. „Gott hält alles in der Hand! Er regiert und hält seine Zusagen. Wir sind reich beschenkt!", jubelte sie und drückte dem Baby einen Kuss auf die Stirn.

Der Segen, den Freunde über Obed sprachen, erfüllte sich. Sie wünschten und versprachen dem Kind, dass sein Name in Bethlehem nie vergessen würde.

Obeds Kinder, Enkel und Urenkel wurden Könige. Sie herrschten über das Volk Israel. Ein paar hundert Jahre später wurde Jesus in genau diese Familie hineingeboren: hier in Bethlehem, als Gottes Sohn und Nachkomme Obeds.

Gottes Pläne waren unfassbar. Wir dachten oft vorwurfsvoll, ärgerlich oder traurig: „So wird das nie etwas. Das kann nicht klappen." Aber für den majestätischen Gott ist nichts unmöglich. Seine Macht ist unbegrenzt.

Fröhliche Grüße,
Rut

Michal

„Mira! Hol doch bitte die Post aus dem Briefkasten!", hörte Mira. Seufzend ging sie die Treppe hinunter, verfolgt von ihrem neugierigen Kater Filo. Zwischen den Briefen entdeckte Mira einen besonderen Umschlag. „Mira Becker", las das Mädchen auf dem marmorierten Papier. Sofort war sie besser gelaunt. „Ich bin gespannt, welche Prinzessin mir heute schreibt!", dachte sie.

Liebe Mira,

für die Leute aus dem Volk Israel hatte sich einiges verändert. Lange war Gott ihr einziger König gewesen. Nun verlangten sie einen menschlichen König. Der neu berufene König kümmerte sich um die Bewohner, die Armee und um viele andere Dinge. Er hieß Saul. Ich war Prinzessin Michal, seine Tochter. War das ein Grund, um mich zu beneiden? Darüber dachte ich manchmal nach. Besonders, wenn ehrfürchtige Blicke meinen Vater streiften. Oder wenn wilder Jubel Sauls Wege begleitete. Nur wenige Leute bemerkten mich überhaupt. Dabei wollte ich auch bewundert und gemocht werden. Gekleidet mit bunten Gewändern und kostbarem Schmuck fing ich manchmal Komplimente ein. Waren sie ehrlich gemeint? Ich wusste es nicht. Ich suchte nach wirklicher Freundschaft. So sehr vermisste ich einen Kameraden, auf den ich mich verlassen konnte.

Es war heiß und ich konnte nicht schlafen. Ich stand von meinem Lager auf. Verschwitzt trat ich ans Fenster, das hinaus in den Garten ging. Dahinter begann wüstes, trockenes Land. Die grünen Pflanzen und das Plätschern des Wassers ließen mich die karge Umgebung oft vergessen. Jetzt zuckte ich zusammen. Da war es wieder! Jemand schrie. Es waren gequälte Laute. Mir lief trotz der Wärme der Nacht eine Gänsehaut den Rücken herunter. Ich gruselte mich. Mein eigener Vater tobte und raste vor Zorn oder weinte vor Verzweiflung.
Er brüllte: „Ich bin ein armer Wurm! Wie konnte ich nur so dumm sein und Gottes Gebote missachten? Warum habe ich nicht getan, was der wirkliche, große König der Welt wollte? Ich dachte, ich könnte alles schaffen. Keine Tat ist mir gelungen! Gottes Treue und seinen Segen habe ich mit meiner Überheblichkeit verspielt. Gott, wo bist du?"
Irgendetwas flog scheppernd auf den Boden, andere Gegenstände folgten.
Ich presste meine Finger in die Ohren. Deshalb bekam ich erst nach einer Weile mit, dass der Wutausbruch vorüber war. Nun waren die sanften Klänge einer Harfe zu hören. Fasziniert lauschte ich der Musik. Ich konnte nicht anders. Ich musste dorthin, wo das Instrument ertönte. Leise schlich ich vorwärts. Hinter einem niedrigen Geländer, das zwischen Säulen verlief, versteckte ich mich. Durch ein

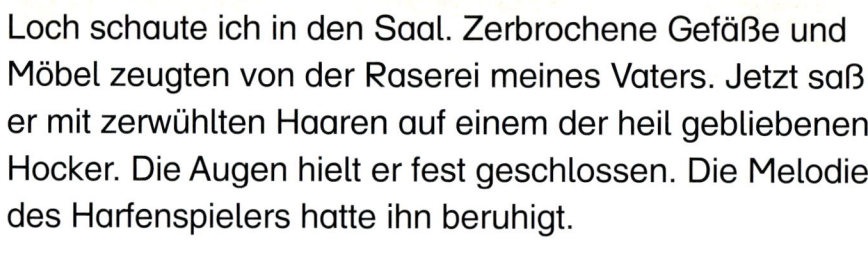

Loch schaute ich in den Saal. Zerbrochene Gefäße und Möbel zeugten von der Raserei meines Vaters. Jetzt saß er mit zerwühlten Haaren auf einem der heil gebliebenen Hocker. Die Augen hielt er fest geschlossen. Die Melodie des Harfenspielers hatte ihn beruhigt.

Ich musterte den jungen Musiker, der nachlässig gekleidet war. Er schien direkt vom Schafehüten gekommen zu sein. Jedenfalls überdeckte der Gestank des Viehs den Geruch der aromatischen Kräuter, die in der Halle verbrannt wurden. Der Harfenspieler schien zu spüren, dass er beobachtet wurde. Er ließ die Töne länger klingen und schaute sich neugierig um. Ein Diener half meinem Vater, sich hinzulegen. Völlig unköniglich schnarchte Saul bald auf dem Fußboden. Der Bursche stand auf und ließ sein Instrument zurück. Mit einem eleganten Satz sprang er über das Geländer zu mir. Ich blickte in die dunklen Augen des Jungen.
„Du bist …?!", fragte der Harfenspieler in einem unverschämten Tonfall. Hatte der Lümmel bisher nie mit einer Prinzessin gesprochen?
Statt zu schimpfen, hauchte ich die Antwort: „Michal!"
„Aha!", stellte er unbeeindruckt fest. Ich biss auf meinen Lippen herum und ärgerte mich: über mich selbst und über ihn. Ich war keineswegs angemessen herausgeputzt und er war ein unhöflicher Flegel. Schließlich murmelte er doch etwas verlegen: „Ich bin David. Die Harfenmusik scheint König Saul, deinem Vater, gutzutun."

Ich nickte dankbar, weil Ruhe im Haus eingekehrt war und weil mir dieser David mit jeder Minute besser gefiel. Ohne ein weiteres Wort drehte er sich um und verschwand.

Am nächsten Morgen stand ich müde auf. Meine Diener verflochten meine Haare zu einer kunstvollen Frisur. Die Magd plauderte dabei: „Ein paar Leute erzählen, dass dieser Harfenspieler vom Prophet Samuel gesalbt wurde. David soll der neue König Israels werden! Das könnte Ärger geben. Saul wird neidisch sein und David verfolgen."
Verwirrt suchte ich den Garten nach David ab. Ich fand ihn tatsächlich am Brunnen. Er schoss mit einer Schleuder Steine ins Wasser.
Wir freundeten uns an. Mein Vater schien zunächst nichts dagegen zu haben. Davids Mut und sein Geschick brachten Saul schließlich auf die Idee mit der Vermählung. Er versprach David, dass er mich heiraten könne. Allerdings musste er dafür einen hohen Preis zahlen. Anschließend wurde Hochzeit gefeiert. Ich war einige Wochen sehr glücklich.

Dann schlug Sauls Laune unvermittelt um. Wir saßen gemeinsam beim Essen. Saul starrte finster auf die Speisen. Schließlich sprang er auf und griff nach einem Speer. „Spiele etwas auf der Harfe!", wisperte ich David zu. „Vielleicht besänftigt ihn das."
Nichts half. Der König begann vor Zorn mit den Zähnen zu knirschen. Was sollten wir tun? Kalte Angst lähmte meine

Beine. Mein Vater zielte auf David. Der Speer flog durch die Luft. David hechtete mit einem beherzten Sprung zur Seite. Die Harfe krachte auf den Boden, der Spieß in die Wand.
„Komm mit!", flehte ich David an. Wir liefen in die Räume des Hauses, die nur ich benutzte. David wartete ab, bis es dämmerte. Schließlich begann er, die Wand hinabzuklettern. Ich sah ihn im Garten verschwinden. Hastig stopfte ich alle möglichen Dinge, die ich finden konnte, unter meine Bettdecke. Nur ein Ziegenfell guckte oben heraus.
„David ist krank und schläft!", sagte ich zu einem Boten, den mein zorniger Vater geschickt hatte. So verschaffte ich David einen wichtigen Vorsprung, der Bote kaufte mir die Geschichte ab. Ich atmete auf. David konnte fliehen und war gerettet. Jedenfalls für den Augenblick.

David war der Gesegnete des größten Königs. Dieser Gott behütete den Hirtenjungen, der zum erfolgreichen Herrscher wurde.
Aus Prinzessin Michal wurde eine Königin. Ich hatte gemerkt, dass schöne Kleider und Reichtum nicht glücklich machten. Es kommt darauf an, dass Gott der Mittelpunkt des Lebens ist. Seine Kraft hilft in schwierigen Situationen und macht Mut.

Viele königliche Grüße,
Michal

Abigajil

Endlich war Samstag und Mira genoss den freien Tag. Sie bummelte mit ihren Eltern am Fluss entlang. Dort fand ein Flohmarkt statt. Mira machte es Spaß, die bunten Stände anzuschauen. Ihr Vater entdeckte drei Strohhüte, die bereits ein wenig verstaubt wirkten. Mira zog begeistert den kleinsten Hut auf ihren Kopf.
„Passt wie angegossen", stellte ihre Mutter fest und probierte ein Exemplar.
Als Mira die Flecken von dem rosa Hutband wischen wollte, staunte sie. „Da sind kleine Kronen eingestickt. Wie hübsch, eine Mischung aus Krone und Hut!"
„Für unsere Prinzessin!", ergänzte ihr Vater. Er zog seine Kopfbedeckung schief in die Stirn. Nun sah er sehr verwegen aus.

Am Ende des Marktes machten sie auf einigen Treppenstufen eine Pause. Herr Becker drückte seiner Tochter einen ungewohnt dicken Umschlag in die Hand. „Den habe ich heute Morgen im Kühlschrank gefunden. Dein Name steht darauf! Was hat der Brief neben der Milch verloren? Und wie ist er dorthin gelangt?", fragte Papa.
Mira hätte selbst gern die Antwort auf dieses Rätsel gewusst. Vorsichtig zog sie ein eng beschriebenes Blatt hervor. Dann begann sie die ordentliche Schrift zu lesen.

Liebe Mira!

Ich, Abigajil, erzähle dir, wie ich David traf.

„Überfall! Wir sollen angegriffen werden!", brüllte einer der Männer, die das Vieh hüteten. Er rannte mit langen Schritten vorwärts. Im letzten Augenblick stoppte er im Hof vor dem großen Haus, das Nabal gehörte. Die Stimme des Hirten kippte fast vor Aufregung.
Ich versuchte, ihn zu beruhigen, und fragte: „Wie kommst du denn darauf?"
Der Mann klopfte mit dem Stock fest auf den Boden. Dreck spritzte hoch. „David und seine Leute haben uns bei den Herden geholfen. Neulich unterstützten sie uns sogar, als die Schafe geschoren wurden. Die Jungs haben uns viele Stunden Arbeit erspart. Vorhin besuchte David deinen Mann Nabal. David verlangte den Lohn für die Truppe. Doch Nabal hat hämisch gelacht und war unhöflich. Er beschimpfte David und jagte ihn fast davon. David wurde sauer. Er drohte Rache an", japste der Hirte. Er hatte schnell gesprochen und flehte nun: „Abigajil, du musst etwas unternehmen! David meint es ernst. Er hat nichts Gutes im Sinn. Wir haben alle Angst! Er wird gewiss keinen verschonen, der zu Nabal gehört. David platzt fast vor Zorn. Schnell, wir brauchen eine Idee, die uns rettet!"
„Dieser Dummkopf!", schimpfte ich und meinte damit meinen Ehemann. Er hatte schon oft durch seinen Geiz und unbeherrschte Handlungen für Ärger gesorgt.

Ich rief die Mägde herbei und gab eilige Befehle. Hastig stellten sie eine Auswahl an Geschenken bereit. Brotfladen, Fleisch, Rosinen und vieles mehr packten wir in Körbe. Die Hirten beluden die Esel mit den Dingen. Nach kurzer Zeit war die Karawane marschbereit. Wir zogen David entgegen.

„Hoffentlich gelingt es uns, das Schlimmste zu verhindern", flüsterte eine Magd höchst besorgt. „Was ist, wenn David seine Wut sofort an uns auslässt? Wir sind ein schutzloser, schwacher Haufen und können uns nicht wehren. Vielleicht sehen wir den Hof und das Haus nie wieder!"

„Sei nicht so hoffnungslos", wies ich sie zurecht. „David ist ein Mann Gottes. Er folgt den Geboten eines noch größeren Königs, der auch Friedefürst genannt wird. Vertraue darauf, dass Gott Wunder tun kann, Streit schlichtet und das Beste für uns im Sinn hat."

Vor uns wirbelte eine Staubwolke auf. „David!", krächzte jemand heiser. „Da kommen sie. Alarm!"
„Ruhe!", sagte ich bestimmt und glitt mit wackeligen Beinen von meinem Reittier. Ich warf mich in den trockenen Schmutz der Straße, genau vor die Füße von David. Der hielt überrascht inne. Seine Männer blieben stehen. Sie waren bis an die Zähne bewaffnet. Die Schwerter klirrten, als die Krieger sie hervorzogen. Knüppel zischten drohend durch die Luft.
Meine Magd schrie leise. Ihr blasses Gesicht verbarg sie

vor Angst unter dem Schultertuch. „Gott, hilf und behüte uns!", hörte ich sie murmeln.
Ich kratzte all meine Entschlossenheit zusammen und begann zu sprechen.
„David, es tut mir leid, dass ich dich nicht empfangen habe. Mein Mann Nabal ist leider nicht besonders klug. Bitte verzeih uns und nimm diese Geschenke als euren gerechten Lohn an. In der Zeit, als du und deine Leute beim Hüten unserer Herden geholfen haben, machten Raubtiere keine Beute. Wir verloren nicht eine Ziege und auch kein Schaf. In allem, was du tust, bist du von Gott gesegnet. Bitte, mach keinen Fehler. Halte dich an Gottes Regeln und überlass ihm die Rache. Das ist Gottes Wunsch. Nabal wird sowieso irgendwann die Suppe auslöffeln müssen, die er sich eingebrockt hat. Er entkommt der Strafe nicht. Sieh mich als Botin des wirklichen Königs an, der dich vor falschen Entscheidungen und Schuld bewahren will!"
Ich verstummte. Mein Mund fühlte sich trocken an. Mein Kopf schien keine weiteren Worte mehr zu finden. Das Schweigen wurde unheimlich. Ab und an schnaubte ein Esel. Die Steine des Weges bohrten unangenehm in meine Knie.
David setzte einen Fuß nach vorne, dann den nächsten. Die Klingen der Schwerter blitzten in den Lichtstrahlen der Sonne. Ich war hin- und hergerissen zwischen Furcht, Hoffnung und Vertrauen. Ich hielt den Atem an, bis kleine Sterne vor meinen Augen tanzten.

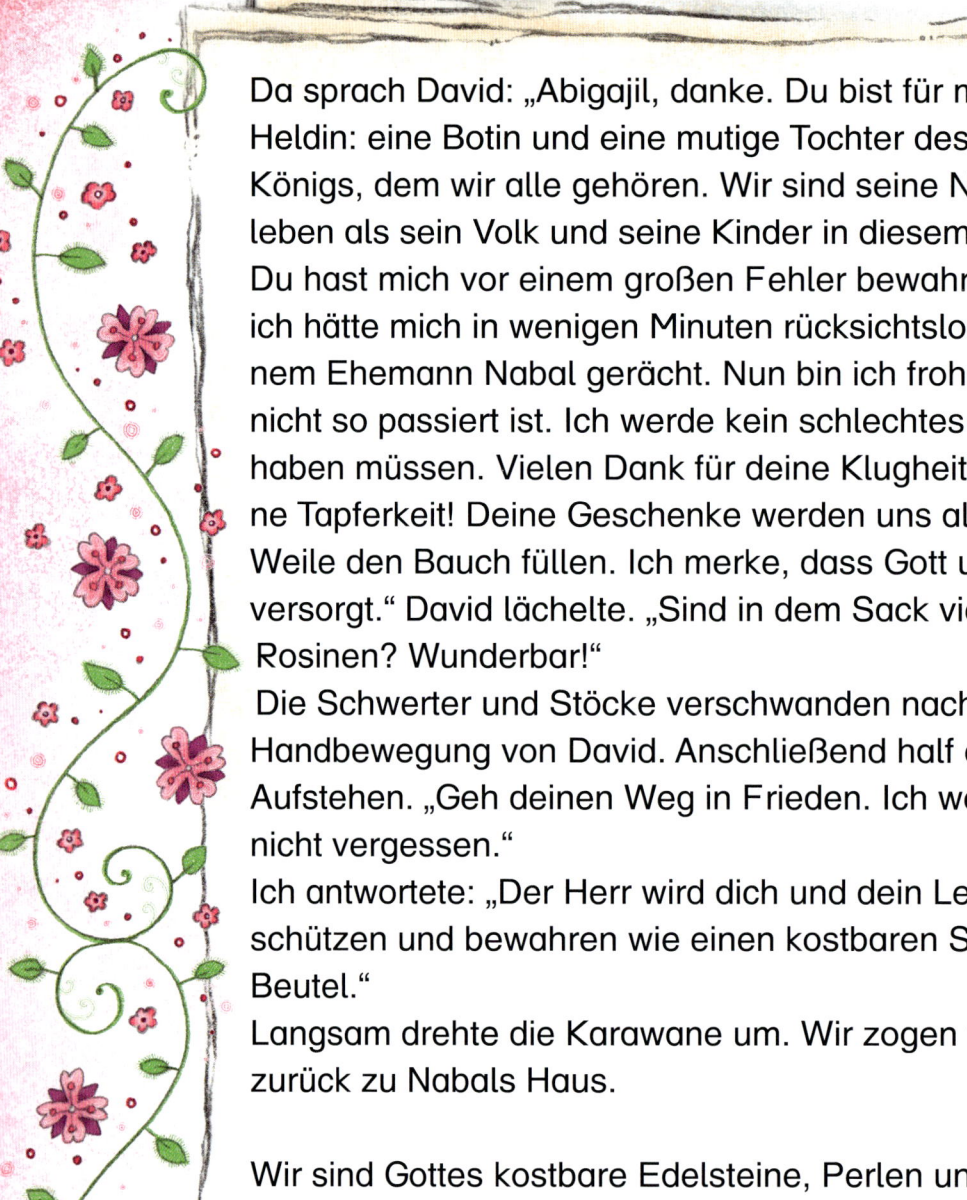

Da sprach David: „Abigajil, danke. Du bist für mich eine Heldin: eine Botin und eine mutige Tochter des höchsten Königs, dem wir alle gehören. Wir sind seine Nachfolger, leben als sein Volk und seine Kinder in diesem Land. Du hast mich vor einem großen Fehler bewahrt. Denn ich hätte mich in wenigen Minuten rücksichtslos an deinem Ehemann Nabal gerächt. Nun bin ich froh, dass es nicht so passiert ist. Ich werde kein schlechtes Gewissen haben müssen. Vielen Dank für deine Klugheit und deine Tapferkeit! Deine Geschenke werden uns allen eine Weile den Bauch füllen. Ich merke, dass Gott uns gut versorgt." David lächelte. „Sind in dem Sack vielleicht Rosinen? Wunderbar!"

Die Schwerter und Stöcke verschwanden nach einer Handbewegung von David. Anschließend half er mir beim Aufstehen. „Geh deinen Weg in Frieden. Ich werde dich nicht vergessen."

Ich antwortete: „Der Herr wird dich und dein Leben schützen und bewahren wie einen kostbaren Stein im Beutel."

Langsam drehte die Karawane um. Wir zogen fröhlich zurück zu Nabals Haus.

Wir sind Gottes kostbare Edelsteine, Perlen und geliebte Königskinder. Ich freue mich, dass ich dazugehöre und bei ihm geborgen bin.

Viele Grüße, Abigajil

Mira wusste nun, warum der Umschlag so dick gewesen war. Eine kleine Tüte Rosinen lag bei, die sie mit ihren Eltern teilte.

„Ich bekomme immer nur Rechnungen geschickt!", maulte Miras Vater.

„Dann darfst du eine Rosine mehr essen!", erlaubte Mira großzügig. Sie bemerkte nicht, dass ihr Ausflug beobachtet wurde.

Hanna

„Wo ist denn dein komischer Flohmarkt-Hut?", wurde Mira am Montag in der Schule gefragt. „Der sah total albern aus!"
Mira wurde rot. „Mir gefällt er", stammelte sie verlegen. Sie ärgerte sich darüber, dass ihr keine bessere Antwort einfiel. Als der Unterricht begann, bekamen sie einen Aufsatz zurück. Mira war mit der Note nicht zufrieden. „Die Bewertung ist blöd und ungerecht!", schimpfte sie leise.
Erst der marmorierte Umschlag, den sie am Nachmittag fand, brachte sie auf andere Gedanken. Der Brief lag neben dem Strohhut, den Mira auf dem Bett liegen gelassen hatte.

Liebe Mira!

„Hanna ist alleine, Kinder hat sie keine!" Diese Worte ließen mich zusammenzucken. Fast hätte ich die schmutzigen Gewänder und Decken fallen gelassen, die ich waschen wollte. Ich vergaß mein Vorhaben und kehrte sofort um. Rasch verkroch ich mich im Haus. Nur mühsam konnte ich meine Tränen unterdrücken. Ich mochte nichts essen, nichts trinken. Immer wieder musste ich an den Spottruf der Kinder denken. Wer hatte ihnen die Worte vorgeflüstert? Ich versuchte, mich zu beruhigen. Eine Menge Arbeit wartete darauf, von mir erledigt zu werden.

Einmal im Jahr brachen wir zu einer Wanderung nach Silo auf. Es sollte zum Heiligtum gehen, in die Stiftshütte. Einen halben Tag würden wir brauchen, wenn wir gut vorankamen. Dort wollten wir beten und die Priester würden ein Opfer für uns bringen.
Am nächsten Morgen starteten wir, bepackt mit allem, was wir benötigten. Elkana, mein Mann, bemerkte sofort meine gedrückte Stimmung. Er konnte sich denken, was mir zu schaffen machte, und sagte tröstend: „Hanna, du bist kostbar. Lass die anderen reden, was sie wollen. Nimm dir ihren Spott nicht zu Herzen. Sie vergiften dein Leben. Du bist geliebt und wertvoll, vergiss das nicht."
Ich gab keine Antwort. Alles war so ungerecht! Ich konnte nicht darüber reden. Elkana begriff meinen Kummer nicht vollkommen. Meine Nachbarinnen mochten mich nicht, weil ich anders war. Ich bekam keine Kinder. Das war schrecklich für mich. Ich musste an manchen Tagen ständig daran denken: „Mein Herzenswunsch wird nicht erfüllt. Nur die anderen sind glücklich."
Eigentlich wusste ich, dass das nicht stimmte. Alle Menschen hatten Probleme und Kummer. Doch die meisten wurden nicht davon bestimmt, das machte den Unterschied. Sie konnten sich über ihr Leben freuen. Eine gute Ernte, der Gesang eines Vogels, leckeres Essen oder das Gekicher eines Kindes versetzte sie in fröhliche Stimmung.

Ich lief schweigend neben Elkana her. Der legte seinen Arm um mich.

„Gott, der König und unser Vater, versteht dich. Er weiß, wie es in dir aussieht!", sagte Elkana. „Im Heiligtum findest du gewiss Hilfe und Trost."

Ich nickte wenig überzeugt. Dennoch nutzte ich in Silo die Gelegenheit, Gott mein Herz auszuschütten. Meinen Kummer, die Trostlosigkeit und meinen innigsten Wunsch sprach ich lautlos aus. Meine Lippen formten die Worte ohne Klang. Ich konnte endlich meine Wut über die verletzenden Reden loswerden. Ganz ehrlich und offen berichtete ich von den schwierigen letzten Wochen. Mir tat es leid, dass ich Elkana mit meiner niedergedrückten Stimmung Sorgen machte.

Ich versprach: „Wenn du mir ein Kind schenkst, mein Gott, soll es dir gehören. Sobald es groß genug ist, werde ich es in dein Haus zurückbringen. Hier soll mein Sohn leben und dir dienen." Tonlos betete ich zu Gott und versank völlig in der Stille.

Die Hand, die sich plötzlich auf meine Schulter legte, ließ mich entsetzt aufschreien. Ich zitterte vor Schreck.

„Du bist betrunken! Schäm dich und verlass das Heiligtum!", schimpfte eine tiefe, wohlklingende Stimme, die zu der Hand gehörte.

Ich erkannte den alten Priester Eli und sagte plötzlich ganz ruhig: „Nein, ich bin völlig klar im Kopf. Ich habe mit meinem Gott gerungen, denn ich bin verzweifelt!"

Eli schaute mich aufmerksam an. „Ich versichere dir, dass Gott dein Gebet gehört hat. Er wird deinen Herzenswunsch erfüllen. Du bist seine gesegnete Tochter, eine Prinzessin des Königs dieser Welt. Sein Frieden wird mit dir sein."

Eli ging über den Vorhof und verschwand im heiligen Zelt, das innen mit Gold und kostbaren Stoffen ausgekleidet war. Nur die besten Materialien hatte man verwendet. Gottes Haus war ein Ort der Schönheit und des Glanzes. Darin stand die Bundeslade mit den Gesetzestafeln. Die Priester dienten Gott in der Stiftshütte.

Elis Worte gingen mir nicht mehr aus dem Kopf. Er behielt recht. Ich wurde schwanger und Samuel kam auf die Welt. „Gott hört" bedeutet sein Name.
Ich war überglücklich und dankbar. Ich hatte ein Baby! Was für ein Geschenk! In den nächsten Jahren zog ich nicht mit zur Stiftshütte. Ich hütete Samuel. Doch ich hatte mein Versprechen nicht vergessen. Wenn unser Sohn alt genug wäre, würde unser Weg nach Silo zum Heiligtum führen. Samuel sollte dann bei den Priestern bleiben und dort ausgebildet werden.

Gott hat meine Gebete gehört. Er ist mit mir durch die einsame Zeit gegangen. Als Kinder des größten Königs sind wir nie ohne Begleitung.

Viele Grüße, Hanna
PS: Samuel wurde ein Prophet und salbte sogar Könige.

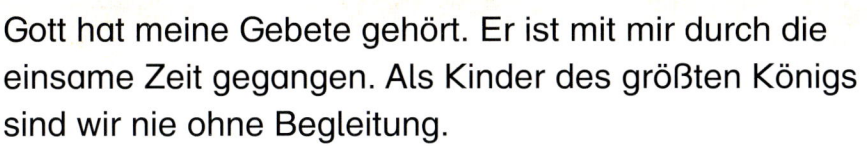

Mira faltete den Briefbogen zusammen und steckte ihn zurück in den Umschlag. Sie dachte nach. Hanna wurde ausgelacht … Mira wusste genau, wie sich das anfühlte. Ihre Klassenkameraden riefen ebenfalls Spottverse. „Hat Mama doch etwas davon mitbekommen?", überlegte Mira ertappt. Sie öffnete die Tür ihres Zimmers und rief laut: „Mama, schreibst du diese Prinzessinnen-Briefe?" „Mira, rede nicht dazwischen! Ich telefoniere mit Oma!", wiegelte Mama entschlossen ab.
Kater Filo sprang herbei. Er miaute auffordernd. Mira hockte sich zu ihm. „Mamas Handschrift sieht anders aus", fiel Mira ein. Sie begann, den Kater zu streicheln. Leider hatte sie keine Ahnung, wer hinter der Aktion mit den Briefen stecken könnte.

Die Königin von Saba

Am nächsten Tag zog Mira den Hut an, als sie zur Schule ging. „Er verdeckt meine albernen Locken!", murmelte sie. „Und die Kronen darauf erinnern mich an die Prinzessinnen Gottes! Hanna war so traurig und Gott hat ihr geholfen."

Ihre Klassenkameraden schauten verdutzt, als sie Mira erblickten. Jule fing sogar an zu kichern: „Mira hat 'nen Hut aus Stroh. Der ist ganz alt und stinkt nach Klo!"

Das stimmte nicht. Mira hatte vorhin ein wenig Parfüm über das Hutband gesprüht. Nun roch alles nach Lavendel. „Jule, die Coole, geht nicht gern zur Schule!", gab Mira zurück.

Anerkennend grinste Jule: „Stimmt! Nur wenn wir Sport haben, macht Schule Spaß! Darf ich den Hut anprobieren?"

Mira nickte und bald wollten alle Mädchen sich einmal im Spiegel mit Kopfbedeckung anschauen. Von einem Spiegel erzählte auch der nächste Brief, der an Mira gerichtet war.

Liebe Mira,

ich war eine Königin. Jeder Morgen fing für mich auf die gleiche Weise an. Dienerinnen halfen mir aus dem Bett, um mit der Schönheitspflege zu beginnen. Ich kontrollierte ihr Werk, mein Gesicht und die Frisur in meinem kunstvoll verzierten Spiegel. Dabei konnte ich gut nachdenken. Häufig versorgten mich die Frauen mit den neuesten Geschichten. Wieder und wieder fiel der Name „Salomo". Wer war dieser König? Angeblich besaß er unermessliche Reichtümer und regierte mit Klugheit wie kaum jemand vor ihm.

Die Eifersucht nagte ständig an mir. Warum hörte man von Salomo über diese große Entfernung wunderbare Dinge? Und wieso nicht von mir? Was machte er anders? „Ich will ihn kennenlernen! Wenn dieser Salomo wirklich so mächtig ist, sollten wir ihn auf unsere Seite ziehen. Wir werden Verbündete, die Verträge schließen und Handel treiben", beschloss ich. Die Einwände meiner Berater fegte ich beiseite. Sorgfältig begann ich mit den Vorbereitungen für die Reise. Gold, Edelsteine, Duftöle und andere Kostbarkeiten ließ ich verpacken und schließlich auf Kamele laden. Das Ziel war Jerusalem im Land Israel.

Kurz vor der Ankunft rasteten wir und legten unsere besten Gewänder an. Durch ein Tor aus hellen Steinen betraten wir die Stadt und wenig später den Palast. Der stand direkt neben dem Tempel. Nur ausgewähltes Material hatten die Handwerker geschickt verwendet. In einem großen Saal stand ein Thronsessel aus Elfenbein und purem Gold. Die Lehne war kunstvoll gearbeitet. Hoch zum Podest führten sechs Stufen, auf denen gefährlich aussehende Steinlöwen lauerten. Ich versuchte,

meine Bewunderung hinter einer unbewegten Miene zu verbergen.
„Bleib wachsam! Salomo will mich mit seinem Luxus blenden und einwickeln", schärfte ich mir ein.

Salomo betrat den großen Raum. Er sah mich als weit gereiste, wunderhübsche Königin. Meine Haare waren zu einem kunstvollen Turm hochgesteckt. Mein Schmuck passte zur edlen Kleidung. Salomo begrüßte mich höflich und mit großem Respekt: „Ich freue mich, die Königin von Saba zu Gast zu haben!"
„Ich hörte so viel von dem schlauen König Salomo!", platzte ich heraus, obwohl ich mir ganz andere Worte zurechtgelegt hatte. Ich wollte ihn doch gebührend beeindrucken und besser sein als er. Dieser Plan ging gründlich schief.
Salomo grinste und wirkte dabei wie ein frecher Junge: „Was auch immer! Alles, was du hier siehst oder von mir vernommen hast, bekam ich geschenkt. Der König, der mehr Macht, Größe und Reichtum hat als wir beide gemeinsam, schüttete seinen Segen aus."
„Wie lautet sein Name?", fragte ich neugierig. Die Bescheidenheit Salomos konnte ich nicht einordnen.
„Ewig-Vater, Friedefürst, Gott-Held, Schöpfer des Himmels und der Erde", zählte Salomo auf.
Ich staunte. Wie konnte man so ehrlich, vertrauensvoll und ohne Scheu von einem Gott reden? Götter waren fern von uns Menschen, standen weit über uns. Sie

waren unnahbar und viel zu großartig. Wenn wir Glück hatten, konnten wir sie günstig stimmen. Dieser Gott Salomos schien anders zu sein.

„Gott liebt uns Menschen. Wir sind seine Kinder. Er nennt uns sogar Königskinder, egal ob wir viel Gold haben oder gar keins. Unser Gott sieht direkt in unser Herz. Er geht mit jedem von uns den Lebensweg nach seinen Ideen. Wir dürfen voll Vertrauen unsere Hand in seine majestätische legen und mitlaufen. Gott lässt seine Königskinder niemals im Stich!", erklärte Salomo.

Während der Palastbesichtigung stockte mir mehr als einmal der Atem. Die Möbel und Ausstattung ließen keinen Wunsch offen. Hier zu wohnen müsste fantastisch sein. „Deinen Reichtum habe ich gesehen!", sagte ich. Nur mühsam unterdrückte ich meine aufkeimende Eifersucht. „Aber wie steht es mit der überall gerühmten Weisheit? Wenn du wirklich so klug bist, kannst du gewiss meine Rätsel lösen!"
Salomo fand Gefallen an dem Vorschlag.
„Eine Größe und ihr Viertel geben zusammen 15. Was ist die Größe?", wollte ich wissen.
Salomo überlegte nur kurz. „Die Größe steht für die Zahl Zwölf. Denn zwölf geteilt durch vier ergibt drei. Und zwölf plus drei sind zusammen 15."
Er schaffte es und löste jedes weitere Rätsel. Zunächst war ich verärgert, doch schließlich siegte meine ehrliche

Bewunderung. Die Leistungen dieses Königs konnte man nur würdigen und wertschätzen.

Die Zeit des Besuches verging wie im Flug. Unsere Berater schlossen Abkommen über Geschäfte und Handel ab. Alle begegneten uns freundlich. Meine Rede zum Abschied hielt ich wie geplant: „Der Herr, dein Gott, ist wunderbar. Er freut sich über dich und hat dich zum König gemacht. Weil Gott-Vater sein Volk Israel liebt, bist du, Salomo, der kluge Mann an der Spitze. Denn du wirst gerecht und einfallsreich regieren. Ich habe deine Freundschaft mit Gott gesehen, deinen festen Kontakt zu dem Schöpfer, der treu ist. Dem Gott, der auf uns Menschen zukommt!"

Salomo versorgte uns für den Rückweg mit Proviant und wertvollen Geschenken. Eigentlich wollte ich ihm mit meinem Reichtum und den Gaben gebührend imponieren. Nun war ich die Beschenkte und selbst fasziniert. Mein Plan war es gewesen, Salomo als Angeber zu entlarven. Gerne hätte ich ihm Tagträumerei vorgeworfen oder dass er sich auf seinen Erfolgen ausruhte. Doch das stimmte alles nicht. Salomo beherrschte das Land weise, gütig und entschlossen. Er holte sich Rat und Unterstützung bei seinem Gott.

Grüße aus dem Land des Südens,
die weit gereiste Königin von Saba

Mira setzte den Strohhut auf und blickte prüfend in ihren Spiegel. Danach probierte sie es ohne Kopfbedeckung und zupfte an ihren Haaren. „Vielleicht kann ich mich doch an diese Farbe gewöhnen. Gott hat mich, Prinzessin Mira, damit ausgestattet. Ihm gefällt es so. Ich bin für ihn ganz besonders und wichtig."

Hulda

„Miau!", lärmte der weiße Kater Filo. Auffordernd sprang er auf einen Stuhl und blickte Mira vorwurfsvoll an. „Oh, du hast Hunger!", stellte das Mädchen fest und nahm die leere Schüssel vom Boden. Filo begleitete Mira sicherheitshalber bis zur Speisekammer. Sie holte die Packung mit dem Katzenfutter vom obersten Brett des Regals. Dabei segelte ein Umschlag mit schnörkeligen Ranken-Verzierungen durch die Luft. „Wieder Prinzessinnen-Post!", jubelte Mira und vergaß Filo.

Liebe Mira,

heute bekommst du einen Brief von mir, von der Prophetin Hulda aus Jerusalem.

Das glorreiche Königreich von David war längst untergegangen. Stattdessen regierten Könige, die ihre Macht unklug einsetzten. Sie gehorchten Gott, dem Allerhöchsten, kein bisschen. Sie taten sogar, was Gott überhaupt nicht gefiel.
In meiner Familie jedoch galten Gottes Gebote und sein Wille. Wir erzählten uns die Geschichten, die unser Volk Israel mit Gott erlebt hatte.
Manchmal lachten die anderen über mich. „Prophetin

Hulda, du übertreibst es mit deinem Glauben", sagte meine Nachbarin zu mir.

„Nein! Und du solltest aufhören, falsche Dinge über mich zu erzählen. Gott möchte nicht, dass wir lügen. Er verlangt Ehrlichkeit!", widersprach ich ihr.

Meine Nachbarin schnaubte wütend. „Du steckst deine spitze Nase in Sachen, die dich nichts angehen!", schimpfte sie.

Ich lächelte nur. „Du hast behauptet, dass ich eine Diebin sei. Das ist nicht wahr. Gott möchte nicht, dass wir stehlen. Ich habe nicht die kleinste Rosine heimlich aus deinen Vorräten genommen. Du weißt, dass die Früchte einfach verdorben sind. Du hast die Äpfel und Trauben nicht vernünftig gelagert. Die Hühner haben das faule Obst längst aufgepickt."

Mit hochrotem Kopf stapfte die Frau davon. Es war manchmal schwierig, in der Hauptstadt Jerusalem zu wohnen. Den Gegenwind, den Spott und die Gemeinheit der anderen Menschen konnte ich nicht gut ertragen. Doch es war immer etwas los.

Nach einem Aufstand im Palast herrschte nun der König Josia. Er war sehr jung und unerfahren. Ich betete zu Gott und machte ihm Vorwürfe: „Gott, wie kann ein Junge auf dem Thron sitzen? Es wird immer schlimmer in unserem Land werden. Ich habe Angst, dass die Menschen deinen Namen bald ganz vergessen haben. Sie werden tun, was ihnen gefällt. Jeder denkt nur an sich und seinen Bauch! Betrug und Raub, Ausbeutung und

Neid werden unter den Menschen herrschen." So klagte ich, während ich das Getreide in die Luft warf. Der Wind blies die Spreu davon. Die Körner fielen vor mir auf den Boden und ich konnte sie einsammeln. Daraus würde ich zwischen den Steinen meiner Mühle Mehl mahlen, um Brot zu backen.

Schafan, der Schreiber des Königs, rannte plötzlich an mir vorbei. Er hatte es ungewohnt eilig. Schafans Weg führte zum Tempel. „Willst du beten?", rief ich ihm hinterher.

„Vielleicht!", keuchte Schafan. „Ich soll rasch zum Priester Hilkija: Wir müssen das Geld zählen. Die Handwerker, die den Tempel ausbessern, verlangen ihren Lohn. Und wir brauchen neue Steine und Holzbalken. Der König hat es angeordnet."

Ich staunte und blickte den Staubwolken hinterher, die Schafans Füße aufwirbelten. Es hatte lange nicht geregnet und die Sonne brannte vom Himmel. Josia wollte, dass der Tempel Gottes in alter Pracht erstrahlte. Auf den Umbau des Königspalastes verzichtete er.

Ich fegte die Körner zusammen. Gerade als ich das fertige Mehl mit Wasser zu einem Teig kneten wollte, raste Schafan wieder an mir vorbei. Dieses Mal kam er aus der anderen Richtung und war auf dem Rückweg. Er trug eine schwere Rolle unter dem Arm und lief noch schneller als vorhin.

„Ich muss zum König! Wir haben im Tempel das Gesetzbuch unseres Gottes gefunden!", schnaufte Schafan völlig außer Puste. Sein Gewand starrte vor Schmutz und war verschwitzt. Die Haare hingen wirr um seinen Kopf herum.

Ich freute mich. Das musste etwas Gutes bedeuten! Die Schriftrolle sah alt aus. Wenn König Josia Gottes Vorgaben lesen konnte, würde sich vielleicht etwas ändern. Gott ruft uns, wir sind ihm wichtig. Er möchte nur das Beste für uns. Hoffentlich verstand Josia das Zeichen richtig. Oder würde er die Gebote, die Gott für uns erlassen hatte, nicht beachten? Dann würden die gleichen Fehler passieren, die viele mächtige Männer vor ihm gemacht und die das Volk ins Verderben gestürzt hatten.

Ich heizte mit den Halmen des Getreides den kleinen Ofen an. Bald zog der Duft von frisch gebackenem Brot durch das Haus.

„Hulda?", rief eine dunkle Stimme. Ich staunte. Der Priester Hilkija, Schafan und drei weitere wichtige Männer standen plötzlich vor mir.

„Wir haben die Schriftrolle studiert. Gott ist zornig, weil wir seine Gebote nicht eingehalten haben!", sagte Hilkija. Ich wischte mir sorgfältig die Mehlspuren von den Ärmeln. Traurig nickte ich. „Ja. Unser Gott, der Schöpfer und König der Erde, hat uns ausgewählt. Wir sind seine Kinder, seine Prinzen und Prinzessinnen. Wer eine Krone trägt, muss den Kopf aufrecht halten, sonst fällt die Krone herunter und nimmt Schaden. Genauso müssen wir als Königskinder uns königlich verhalten. Wir haben nicht beachtet, was der majestätische Gott von uns will. Er besteht darauf, dass wir ihn ernst nehmen, achten und anbeten. Er hat genug von unseren schlechten Taten. Wir werden die Folgen tragen müssen. Aber König Josia, der Gott jetzt sucht, wird verschont. Das könnt ihr ihm ausrichten", erklärte ich ruhig. Die fünf Männer machten betretene Gesichter. Das waren keine tollen Neuigkeiten.

Josia ließ sich nicht entmutigen. Er räumte im Tempel auf und sorgte dafür, dass Gottes Gebote eingehalten wurden.
Meine Nachbarin besuchte mich an einem Abend. Sie trug einen Korb mit frischen Trauben. „Hulda, es ist gut, dass du eine Prophetin bist. Du hast Gottes Vorgaben für uns bewahrt. Verzeih mir, dass ich schlecht über dich geredet habe", sagte sie und reichte mir das Obst. Gerne nahm ich ihr Versöhnungsangebot an. „Ich habe die Gebote und den Kopf gerade gehalten, damit Gottes Krone nicht in den Dreck fällt!", antwortete ich und lachte fröhlich, als ich den verständnislosen Blick meiner Nachbarin bemerkte.

Viele Grüße aus Jerusalem,
deine Hulda

Kater Filo maunzte ungeduldig und ein wenig beleidigt. Zerstreut schüttete Mira endlich Futter in den Napf. „Ganz schön mutig, diese Hulda!", stellte sie fest und wunderte sich, als es an der Tür klingelte. Wer sollte sie am Nachmittag besuchen?

Maria

„Jule, die Coole!", platzte Mira verblüfft heraus. Tatsächlich stand ihre Klassenkameradin mit einem karierten Heft in der Hand vor ihr.
„Ich schaffe die Mathe-Hausaufgaben nicht. Vielleicht kannst du mir helfen?", fragte Jule. Als sie Filo sah, rief sie entzückt: „Ist der süß!" Filos Neugier hatte über seinen Appetit gesiegt und er strich um Jules Beine. Nachdem die beiden Mädchen mit Mathe fertig geworden waren, spielten sie mit dem Kater.
„Wer schreibt dir denn all die Briefe?", fragte Jule und wies mit ihrer Hand in Richtung Bücherregal.
„Wenn ich das wüsste", murmelte Mira. „He, da steht ein neuer Umschlag zwischen den anderen! Er ist noch zugeklebt!"
Mira und Jule begannen zu lesen.

Liebe Mira,

ich, Maria aus Betanien, berichte dir eine Begebenheit aus den Jahren nach der Zeitenwende. Als Jesus in Bethlehem geboren wurde, begann eine neue Zeitrechnung.

„Hol rasch die Kräuter aus dem Küchengarten, Maria. Und sofort danach kümmerst du dich um den Ofen. Wir brauchen Holz und Stroh. Und räum den Webrahmen zur Seite. Wir müssen Platz für Jesus und unsere anderen Besucher schaffen!", kommandierte Marta in atemberaubendem Tempo. Sie strich hektisch eine Haarsträhne aus ihrer Stirn. Ich bemerkte, dass sie sogar ihre besonders glänzende Halskette mit dem bunten Stein angelegt hatte.

„Ja, ja, ja!", maulte ich und verdrehte genervt meine Augen.

Meine Schwester Marta blitzte mich zornig an. „Los, mach schon! Erledige deine Aufgaben. Und bitte schneller als sonst. Unsere Gäste können jeden Moment eintreffen."

„Den Webrahmen in den Ofen schieben. Den Garten anzünden und Unkraut rupfen!", murmelte ich leise, jedoch deutlich genug, damit Marta es hörte. Sie ärgerte sich darüber, wie ich erwartet hatte. Marta schoss davon, um irgendeine Pflicht zu erledigen. Aus meiner Sicht war bereits alles perfekt vorbereitet. Marta organisierte umsichtig und ließ nicht eine Kleinigkeit außer Acht. Ich seufzte. Manchmal konnte ich ihren Eifer und diesen Ehrgeiz nicht mehr aushalten. Wahllos rupfte ich einige Kräuter. Sofort stieg mir der aromatische Duft in die Nase. „Riecht wie ein köstliches Essen mit süßen Feigen zum Nachtisch in guter Gesellschaft!"

Ich musste den Satz laut ausgesprochen haben, denn

Jesus nahm ihn auf: „Gute Gesellschaft kann ich liefern, Maria!", sagte er. Erschrocken ließ ich die grünen Blätter fallen. Doch dann lachte ich. Sofort führte ich unsere Besucher, die im ganzen Land unterwegs gewesen waren, ins Haus.

Jesus wusste die Antworten auf alle Fragen. Er zog von Stadt zu Stadt und erzählte von Gott, seinem Vater. Begleitet wurde er von seinen Jüngern: Petrus, Johannes, Andreas, Judas und viele mehr waren immer dabei. Aber auch einige Frauen reisten mit Jesus und unterstützten ihn. Wo Jesus ankam, da strömten die Menschen zusammen. Jeder wollte ihn sehen, hören oder berühren, um gesund zu werden. Jesus heilte Kranke, sprach mit Außenseitern und Gelehrten. Es war klasse, dass er uns seine Freunde und Geschwister nannte und bei uns war. Es wurde eng im Haus, doch das machte nichts. Jeder fand irgendwo einen Platz.
Aber wo sollte ich jetzt hin? Die Polster und Hocker waren belegt, die kleinste Nische ausgefüllt. Nur bei Jesus war noch ein Fleckchen frei. Ich zwängte mich durch das Gedränge. Auf dem Boden neben Jesus ließ ich mich nieder. Hier würde ich keines seiner Worte verpassen. Ich lauschte und stellte mir vor, dass ich bei der Fahrt über den See Genezareth mit im Boot saß. Dabei war ich bisher kaum über die Grenzen meiner Heimatstadt Betanien hinausgekommen.
Manchmal fiel mein abwesender Blick auf Marta. Gerade

raste sie mit schmollend verzogenen Lippen und einem leeren Teller in die Küche. Es klapperte vernehmlich. Kurz darauf eilte sie zurück zu den Besuchern. Sie stellte die neuen Köstlichkeiten lauter als nötig ab. Sofort hastete sie davon, um Wasser, Wein und vieles mehr zu holen. Ich konnte unmöglich aufstehen. Es war zu voll, zu eng und zu schön. Ich wollte meinen Platz für nichts auf der Welt verlassen oder eine von Jesu Geschichten versäumen. Wieder hechtete Marta mit übertrieben wichtigen Gesten und einem Ächzen vorüber. Sie schien vor Zorn zu kochen. Ich konnte ihre ärgerlichen Gedanken an ihrer Miene ablesen: „Immer muss ich alles alleine machen. Und Maria sitzt wie eine freche, neugierige Göre dort, wo sie nicht hingehört. Das ist wirklich peinlich."

Ich beachtete Marta nicht. Ich wollte mich nicht weglotsen lassen. Marta würde sich schon wieder beruhigen. Sie war nie lange böse auf mich.
Doch dieses Mal hatte ich mich vertan. Plötzlich schob Marta unseren Bruder Lazarus und zwei andere Männer zur Seite. Anklagend baute sie sich vor Jesus auf. Die Gartenkräuter, die ich vorhin draußen vergessen hatte, hingen staubig und vorwurfsvoll aus ihrer Hand heraus. Ich unterdrückte mühsam ein Kichern. Marta wirkte zu komisch mit dem schlappen, welken Kraut, das sie im Garten aufgesammelt hatte.
„Findest du es in Ordnung, Jesus, dass meine Schwester Maria bequem sitzt und mich die ganze Arbeit tun lässt?"

Marta versuchte ihre Stimme nicht übermäßig vorwurfsvoll klingen zu lassen. Es gelang ihr nicht. Die Gespräche im Raum verstummten nacheinander; die Fröhlichkeit war mit einem Schlag verflogen. Betroffen knetete ich meine Finger. Mir fiel nicht ein, wie ich die unglückliche Situation retten könnte.

Jesus lächelte beruhigend. Rasch wurde mir klar, dass er die richtigen Worte finden würde. Er sah uns mitten ins Herz. „Marta, Marta. Du bist wirklich eine gute Gastgeberin", begann er. „Jeder fühlt sich in diesem Haus wohl. Das ist dein Verdienst. Du kümmerst dich um alle und alles. Doch deine Schwester Maria hat sich etwas ausgesucht, das unendlich kostbar und notwendig ist: Sie hört mir zu. Dabei lernt sie den ewigen König, meinen und euren Vater, kennen. Dieser König versorgt uns, seine Kinder, mit dem, was wir nötig haben. Er kennt dich, Marta. Er sieht jeden Schritt und den kleinsten Handgriff. Er weiß sogar, wie viele Haare auf deinem Kopf wachsen! Gott freut sich über seine Prinzessinnen. Er will ganz nah bei ihnen sein. Deshalb möchte ich Maria diese Möglichkeit nicht wegnehmen."

Viele Grüße, deine Maria

Anbei ein paar getrocknete Pfefferminzblätter aus dem Küchengarten.

„Toll!", sagte Jule beeindruckt und starrte auf die schön geschriebenen Zeilen. Mit Blüten und Blättern verzierte Ranken zogen sich an der Seite entlang.

Mira betrachtete die grünen Kräuter in dem Umschlag. Sie rochen frisch wie ein warmer Sommertag nach einem Regenguss. „Daraus koche ich demnächst einen leckeren Tee für Mama und Papa!", beschloss Mira.

„Bis morgen!", verabschiedete sich Jule, und Mira freute sich fast ein wenig auf die Schule.

Die geheilte Frau

Im Klassenraum wedelte Jule zur Begrüßung mit einem besonderen Füller in der Luft herum. „Schau mal, der hat eine andere Feder, sie ist an der Spitze ganz breit. Damit kann man super schön schreiben. Ich glaube, deine Prinzessinnen-Briefe könnten so verfasst worden sein. Finden wir einen ähnlichen Füller bei dir, wissen wir, dass deine Eltern etwas mit der Sache zu tun haben."
„Lass uns heute Nachmittag danach suchen!", schlug Mira vor und Jule willigte vergnügt ein.
Leider fanden sie keine Spur von einem Beweismittel. Stattdessen entdeckten sie in einer Schublade im Badezimmer zwischen Heftpflaster und Fieberthermometer einen Brief.

Liebe Mira,

man nannte mich am liebsten gar nicht mit Namen. Viele Menschen dachten, dass sie mich besser nicht kennen würden. Ich lebte allein und die anderen schauten mich nicht an. Sie wendeten den Blick ab, so, als könnte ich sie anstecken. Ich war nämlich seit Jahren krank. Kein Arzt kannte dieses Leiden, und niemand schaffte es, mich zu heilen. Ich wurde immer schwächer und kraftloser. Das Leben verließ mich jeden Tag ein bisschen mehr. Es strömte aus mir heraus und ließ Hilflosigkeit zurück. Mein Geld musste ich für Medizin und Kräuter ausgeben, die doch nichts nützten. Manchmal war ich verzweifelt und wagte mich kaum aus dem Haus. Aber ich brauchte frisches Wasser. Das holte ich am Brunnen, wenn niemand dort war. Oft ging ich durch die heiße Mittagssonne, um keinem zu begegnen.

An dem Tag, von dem ich dir erzählen möchte, waren trotz der Hitze eine Menge Leute unterwegs. Sie liefen alle in die gleiche Richtung und hatten es eilig. Ein Mann stieß mich versehentlich an. Er merkte es nicht und sauste weiter. Ich staunte über diese Betriebsamkeit und blieb hinter einem Mauervorsprung stehen. Der kühle Schatten tat gut und ich drückte mich noch ein wenig dichter an die Wand. Nun konnte ich unauffällig lauschen. Vielleicht schnappte ich auf, wohin die Masse wollte. Weil ich als Ausgestoßene lebte, sprach ich nicht oft mit anderen. Sie gaben ohnehin selten Antwort, sondern hetzten erschrocken fort. Manche beschimpften mich sogar.

Eine Frau erschien oben an einem kleinen Fenster und schaute hinaus. Sie rief: „Ist er schon da?"
Jemand antwortete: „Ja, Jesus und seine Jünger kamen eben mit dem Boot über den See. Wenn wir ihn sehen wollen, müssen wir uns sputen."
Jesus! Von ihm wurde so viel erzählt. An jeder Ecke hörte man seinen Namen. Er brachte Hoffnung. Jesus heilte Kranke. Er machte alles neu. Aufgeregt stellte ich meinen

Wasserkrug an der Mauer ab. Ich vergaß meinen trockenen Mund und hastete im Schutz der Häuser vorwärts. „Zu spät!", maulte jemand. Jetzt sah ich es ebenfalls. Jesus ging bereits in die andere Richtung. Jairus, ein bekannter Mann in der Stadt, redete aufgewühlt mit Jesus und drängte zur Eile. Er wirkte traurig und besorgt. Verzagt wollte ich stehen bleiben. Aber sollte ich wirklich so kurz vor meinem Ziel aufgeben? Jesus war hier, uns trennten nur wenige Meter! Auf dem Weg drängten sich Frauen, Männer und Kinder in einem dichten Gewühl.

Entschlossen verfolgte ich Jesus. Ich schlängelte mich zwischen den Menschen hindurch, ohne auf Proteste zu achten. Immer dichter kam ich an Jesus heran.
„Ich muss nur seinen Mantel anfassen. Ich muss Jesus einmal berühren!", nahm ich mir vor. „Das ist meine große Chance!" Es waren nur noch wenige Schritte. Dann streckte ich meinen Arm aus. „Geschafft!", dachte ich.
Weich kitzelte der Stoff zwischen meinen Fingern. Ich bemerkte, wie sich in mir etwas änderte. Es ging mir besser. Die Krankheit war verschwunden! Blitzschnell drehte ich mich um, wollte in der Menge untertauchen und unerkannt entwischen.
Plötzlich drangen die Worte von Jesus ganz deutlich an meine Ohren: „Es ist etwas passiert! Jemand war ganz nah bei mir!"
Alles um mich herum schien stillzustehen. Geräusche verklangen im Staub der Straße. Die Zeit wurde end-

los. Ich schwieg beklommen und senkte den Kopf. Was würde Jesus tun, wenn er ausgerechnet mich entdeckte? Ich, die kranke, ausgestoßene Frau, hatte die Frechheit besessen, ihn ohne Vorwarnung und Erklärung anzurühren. Mir wurde ein wenig übel und ich atmete hektisch. Vom See wehte eine frische Brise herüber. Gierig schnappte ich nach Luft.

Jetzt nahmen mich die Stadtbewohner wahr. Sie gingen argwöhnisch so weit zur Seite, wie sie konnten. Ein gereiztes Getuschel setzte ein. Jairus quengelte: „Komm mit, Jesus." Petrus sagte ein wenig ungeduldig: „Bei diesem Gewimmel ist es unvermeidlich, angerempelt zu werden!"
Doch Jesus blieb stehen. Er schaute sich um. Nur er und ich wussten, was geschehen war. Ich blickte Jesus an. Ich spürte genau, dass er mir helfen wollte. Die ganze Angst fiel von mir ab. Erst stockend, dann mit fester Stimme, erzählte ich von meinem unglücklichen Leben. Alle, die zwischen den Häusern standen, sollten die Wahrheit erfahren. Sie auszusprechen bedeutete für mich eine Befreiung. Ich konnte loslassen. Der dicke Knoten der Sorge löste sich auf und wurde zu Hoffnung. Sie führte zu Jesus.
Der lächelte mich freundlich an. „Du geliebte Prinzessin und Königskind meines Vaters!", sagte Jesus. Die Leute um mich herum starrten auf den Boden. Einige waren verlegen und wurden rot. „Du hast erwartet, dass du bei mir Hilfe findest. Du hast dich getraut, über die Schatten

deines Lebens zu springen. Du gabst mir Antwort, als ich gefragt habe", setzte Jesus seine Rede fort. Jairus trat nervös von einem Fuß auf den anderen. Er wollte rasch mit Jesus davongehen. Der verabschiedete sich mit einem Segen von mir: „Gott, der Vater, hält und trägt dich in seinen ewigen Armen."
Dann brach Jesus mit seinen Jüngern und Jairus auf. Auch ich zog meines Weges: befreit, glücklich und gesund.

Viele Grüße,
die geheilte Prinzessin aus der Stadt am See

„Zeigst du mir die anderen Prinzessinnen-Briefe ebenfalls?", fragte Jule beeindruckt. „Ich würde sie gerne lesen. Oder sind sie nur für dich?"
Mira schüttelte den Kopf: „Nein, ich glaube nicht. Die Briefe sind ganz bestimmt für alle. Wir sind alle Gottes Königskinder!"
Jule schwieg einen Moment. Dann grinste sie: „Das gefällt mir! Meinst du, ich könnte am Wochenende bei dir übernachten? Dann hätten wir richtig viel Zeit, in den himmlischen Briefen zu schmökern!"
Mira nickte fröhlich und der Kater Filo gab ein zustimmendes Maunzen von sich.

Die Frau aus Sychar

Den nächsten Umschlag drückte der Briefträger Mira persönlich in die Hand. „Du bekommst wirklich tolle Briefe!", bestaunte der Mann das schön verzierte Papier.
„Ja!", sagte Mira. „Und was darin steht, ist noch besser!"
„Schickt dir jemand Geld?", wollte der Briefträger mit einem Augenzwinkern wissen.
„Es ist wertvoller als alles Gold der Welt", erklärte Mira und öffnete den Umschlag. Eine kleine Landkarte fiel heraus. Mehrere Städte, das Meer, Flüsse und Seen waren dort eingezeichnet. „Das sieht aus, als hätte jemand das Land Israel aufgemalt", murmelte Mira. Mit ihrer Lektüre setzte sie sich in den Schaukelstuhl und begann zu lesen.

Liebe Mira!

„Dort neben unserem Haus stolziert diese schlampige Frau vorbei", hörte ich die Nachbarin böse keifen. „Jetzt wohnt sie schon wieder mit einem anderen Mann zusammen!" Ich lief schneller die Straße entlang und ballte meine Hände zu Fäusten.
Ich hasste das alles. Ich verabscheute die miefige Stadt Sychar im Land Samarien. Und ihre faden, spießigen Bewohner. Kein bisschen Glanz oder Luxus, nur Eintönigkeit, Verbitterung und Neid.

Ich mochte Abwechslung und schöne Kleidung. Meine Haare kämmte ich sorgfältig und jeden Tag ein wenig anders. Ich trug Schmuck, den ich häufig selbst herstellte. Eine Blume im Kamm oder ein Stein mit Loch als Kette um den Hals. Dazu eine hübsche Feder oder eine farbige Schleife. Aufmerksam lief ich über meine Wege und entdeckte wunderschöne Dinge in Gottes Schöpfung.

Doch ich kümmerte mich nicht um gutes Benehmen und Gebote. Ich machte, was ich wollte. Meine Tür und mein Herz öffnete ich nur wenigen. Ich suchte die Leute aus, die mich bewunderten, und setzte mich über Regeln hinweg. Ich machte einiges anders als die übrigen Bewohner von Sychar.

Das ließ sie misstrauisch werden und mich einsam. Alle mieden mich oder behandelten mich unfreundlich. Mit hoch erhobenem Kopf schritt ich ein wenig trotzig an ihren Häusern entlang. Sollten sie doch in ihrem öden, immer gleichen Alltag vor Langeweile einschlafen! Ich beachtete sie nicht weiter. Irgendwann würde ich sowieso meine Sachen packen, woanders mein Glück versuchen und es finden. Jetzt ging ich zum Brunnen, um Wasser zu holen.

Plötzlich hielt ich inne. Ich kniff meine Augen zusammen, um besser sehen zu können. Wer war das? Am Rand des Brunnens saß ein fremder Mann. Besucher aus dem verfeindeten Nachbarland Judäa verirrten sich höchst selten nach Sychar. Wahrscheinlich würde er mich, die Frau aus Samarien, ohnehin nicht beachten. Verblüfft hörte ich, wie er mich ansprach.

„Gib mir bitte etwas Wasser zu trinken!", klang es klar und deutlich. Ich erfüllte ihm staunend diesen Wunsch. Er fuhr fort. „Wenn du wüsstest, wer ich bin, würdest du mich nach Wasser fragen. Ich kann dir fließendes, frisches Wasser geben. Du wirst nie wieder durstig sein, wenn du davon trinkst."

„Wie praktisch!", bemerkte ich etwas spöttisch, weil ich die Sätze nicht einordnen konnte. „Her mit diesen Wunder-Tropfen. Dann spare ich das mühsame Wasserschleppen!"

„So meine ich das nicht!", erklärte der fremde Mann. Er blieb geduldig und freundlich, als wir weiter miteinander redeten. Dabei nannte er einige Dinge, die in meinem Leben falschliefen. Er sah mich an. Und plötzlich fühlte ich mich bis in den letzten Winkel meiner Seele erkannt und durchschaut. Ein Gefühl von Geborgenheit kam in mir auf. Aber auch die Erinnerung an Erlebnisse, die auf mir lasteten und mich bedrückten.

Ich hatte wirklich vieles verkehrt gemacht. Mit meiner selbstsüchtigen Art hatte ich andere gekränkt und Schuld auf mich geladen. Gottes Gebote schob ich zur Seite, um meinen eigenen Willen durchzusetzen. Ich schämte mich! Von Gott konnte ich sicher keine Hilfe erwarten. Warum sollte er mir vergeben oder meine Gebete beachten? Seine Liebe hatte ich garantiert nicht verdient!

Meine Gedanken rasten kreuz und quer in meinem Kopf herum. Dieser unbekannte Mann wusste seltsamerweise alles über mich und sprach mich offen auf meine Sünde an. So, als würde es für alles eine Lösung geben. Ich war fassungslos.

„Die Zeit ist gekommen, in der der majestätische Gott den Menschen ganz nahekommt. Seine königlichen Kinder können ohne Angst und ehrlich mit ihm reden. Alle Menschen dürfen ihm vertrauen. Fehler zählen nicht mehr", sagte der Mann am Brunnen.

„Ich weiß, dass Gott den Retter für uns schicken möchte. Der wird uns alles erklären …", hauchte ich. Fast ahnte ich, was jetzt passieren würde und wie kostbar dieser Moment war.

„Ich bin es, Jesus. Ich, der gerade mit dir spricht, bin der versprochene Messias. Wer zu mir gehört, wird nie wieder durstig sein. Er bekommt von Gott all das, was er braucht, um glücklich zu leben."

Schnell sprang ich auf. Versehentlich rempelte ich einen weiteren Mann an, der gerade mit einigen Begleitern zurückkehrte. Das mussten die Schüler von Jesus sein, mit denen er durch das Land zog. Sie trugen Lebensmittel, die sie in Sychar gekauft hatten. Ein Brot fiel herunter.

„Gott schickt den versprochenen Befreier! Unsere Angst und die Schuld nimmt er fort. Das müssen alle wissen!", rief ich begeistert, statt mich zu entschuldigen. Wir konnten von Jesus lernen. Der König machte den ers-

ten Schritt auf uns zu. Er selbst machte uns würdig und fähig, seine Prinzen und Prinzessinnen zu sein.
Kreuz und quer rannte ich durch Sychar, das noch genauso hässlich und öde war wie heute Morgen. Doch etwas hatte sich verändert: etwas in mir. Ich, die Ausgestoßene, rief alle anderen herbei. Ich wollte, dass auch sie Jesus kennenlernten. Er kannte uns schon lange. Jesus blieb zwei Tage bei uns. Seine Liebe überzeugte uns Bewohner von Sychar und machte alles neu.

Viele Grüße,
die Prinzessin vom Brunnen

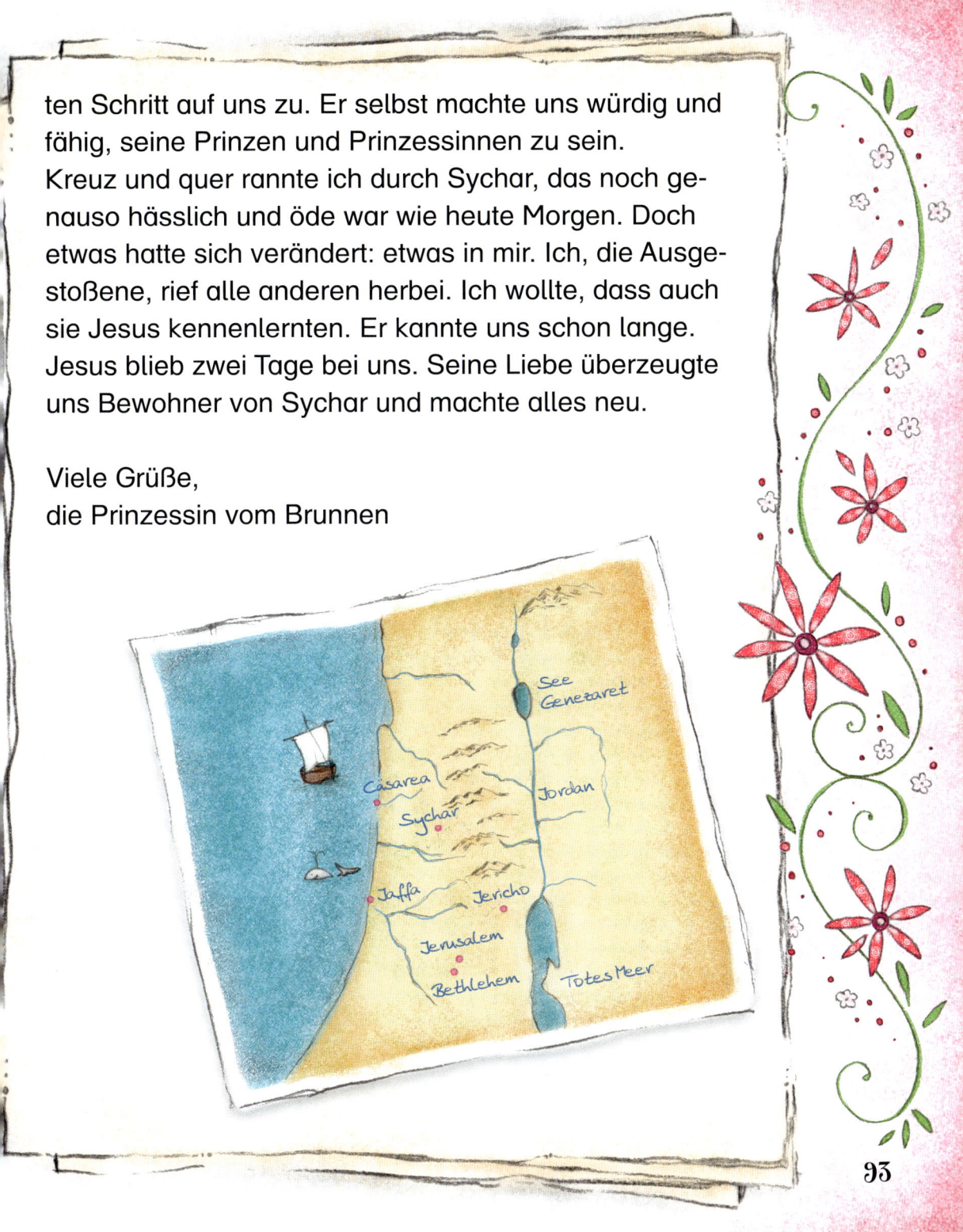

Lydia

Der Geruch von frischem Pfefferminztee zog über den Frühstückstisch. Mira hatte ihn aus den Blättern, die in dem Umschlag von Maria steckten, gekocht. Neben der Spüle lag schon wieder Post für Mira.

„Was weißt du von den himmlischen Briefen?", fragte Mira, als ihre Mutter den Tee probierte.
 Die verschluckte sich fast vor lauter Schreck. Ein wenig widerstrebend gab sie zu: „Deine Oma hat dir die Briefe mit einem besonderen Füller geschrieben. Opa fügte die Zeichnungen ein. Deine Großeltern wollten dir Mut machen, damit du dich wieder wohlfühlen kannst und glücklich bist." Miras Mutter wirkte ein bisschen ertappt. „Einige Umschläge haben mir die Großeltern mitgegeben, als ich sie besuchte. Ich habe die Briefe nach ihren Anweisungen im Haus versteckt. Die anderen schickten sie per Post. Aber ich habe in keinen einzigen hineingeschaut. Was ist denn an den Prinzessinnen-Briefen so spannend?"
„Ich lese dir einfach diesen vor!", meinte Mira lächelnd und faltete das marmorierte Papier auseinander.

Liebe Mira,

der schönste Tag in der Woche war der Sabbat. Vor den Stadttoren traf ich mich mit einigen Frauen am Fluss. Hier war von dem Betrieb und dem Gewimmel der Stadt Philippi glücklicherweise nichts zu spüren. Ein paar Bäume spendeten Schatten. Die Sonne malte durch das Blätterdach helle Muster auf den Boden. Das klare Wasser sprudelte über die Steine. Der Wind sorgte für Abkühlung und mein beschäftigter Alltag machte Pause.

Ich verdiente mein Geld damit, kostbare Stoffe zu verkaufen. Diese hatte ich vorher behandelt und gefärbt. Aus der seltenen Purpurschnecke wurde der Farbstoff gewonnen. Er tauchte die langweiligen, faden Leinenstücke in schillernde Rot- oder Blautöne. Die Verwandlung faszinierte mich jedes Mal aufs Neue. Die sorgfältig gewebten Stoffe nahmen die frische Farbe auf, saugten sie Faser für Faser ein und veränderten sich völlig.

Wer Purpur trug, war eine wichtige Persönlichkeit. Nur reiche Menschen leisteten sich dieses edle Tuch. Sie zahlten viel dafür. Die meisten anderen trugen hellbraune, einfache Kleider. In violett gefärbten Gewändern stach man aus der Masse heraus. Man besaß etwas Außergewöhnliches. Der Wunsch nach Luxus und besonderen Farben sicherte meine Einnahmen. Darüber freute ich mich und konnte mir ein großes Haus leisten.

Ich wusste genau, dass Reichtum alleine hohl war. Das Verlangen nach immer mehr Münzen, erstklassigen Waren, leckeren Speisen und Ansehen machte die Menschen unzufrieden. Sie wurden rastlos und mürrisch. Deshalb suchte ich die Ruhe am Fluss. Dort wurde ich still und betete zu Gott, dem Allmächtigen. Hier in der Gemeinschaft erzählten wir Frauen uns die Erlebnisse der letzten Tage. Wir teilten unsere Sorgen oder berichteten von schönen Dingen.

Gerade hatten wir am Ufer Platz genommen, da entdeckte ich ein paar Männer. Sie kamen rasch näher und liefen direkt auf uns zu. Meine Nachbarin wurde blass und zeigte mit ausgestrecktem Arm in Richtung der Gruppe.
„Fremde in Philippi! Das kann nichts Gutes bedeuten. Was wollen sie am Fluss? Hierhin verirrt sich sonst niemand!", murmelte eine andere Frau angespannt und sprang auf. Es gelang ihr nicht, das Entsetzen und die Panik zu verbergen.
„Sie werden uns überfallen!", klang es schrill aus einem weiteren Mund. Mehrere Frauen wollten davonlaufen. Aber wohin konnten sie fliehen? In erreichbarer Nähe gab es keine Verstecke.
Ich versuchte, Mut machende Worte zu finden. Dabei hatte mich selbst ein merkwürdiges Gefühl ergriffen. „Wir bleiben zusammen!", schlug ich vor.
Ängstlich erwarteten wir die Ankunft der Unbekannten.

Meine Nachbarin zitterte ein wenig. Sie musterte einen Baumstamm und schien abzuschätzen, ob eine Kletteraktion sie retten konnte.

„Ich heiße Paulus!", stellte sich der erste Mann vor. Ganz selbstverständlich setzte er sich zu uns. Was passierte denn nun? So etwas hatte noch keine von uns erlebt.

Paulus begann von Gott zu reden. Wir konnten ihm folgen, denn er erzählte uns nichts Neues. Als Paulus dann einen weiten Bogen zu Gottes Sohn Jesus schlug, hielt ich den Atem an. Jesus war der Retter, auf den wir gewartet hatten! Der mächtige, königliche Gott wurde in Jesus ganz klein. Als hilfloses Baby in einer Krippe in Bethlehem fing er an. Ein selbstloser Mann, der den Menschen nahekam, ihnen half und Hoffnung machte. Der mit ihnen trauerte und feierte. Seine Liebe kannte keine Grenzen und Einschränkungen. Jesus nahm unsere Schuld fort. All das, was uns von Gott trennte, wischte er weg, wie ein Lappen überschüssige Farbe fortnimmt.

Ich sagte „Ja" zu Jesus. Um das für alle sichtbar zu machen, ließ ich mich im Fluss taufen. Ich tauchte ein in das kalte Wasser und spürte, wie die Strömung an mir zerrte. Triefend nass ging ich zurück ans Ufer. Meine Haare tropften. Ich fühlte mich wie ein frisch behandeltes Stück Stoff. Vor dem Tauchbad wirkte es schmucklos –

hinterher so anders und neu anzuschauen. Ungefärbt war es nützlich – gefärbt jedoch einzigartig und versprühte gute Stimmung. Die Taufe war ein Neuanfang. Aus Lydia, der Purpurhändlerin, wurde Prinzessin Lydia, ein gerettetes Königskind.

Ich wollte noch mehr über Jesus erfahren. Ich lud Paulus und seine Begleiter ein, Gäste in meinem Haus zu sein. Sie willigten ein und blieben ein paar Tage. Viele Leute aus Philippi hörten von Jesus und ließen sich taufen. Die goldene Farbe der Hoffnung und des Glaubens veränderte die Menschen wie die Purpurschnecke die Stoffe.

Viele Grüße aus Philippi!
Lydia, die Purpurhändlerin

Rhode

Der nächste Umschlag war viel größer und schwerer als alle anderen, die Mira bisher erhalten hatte. Vorsichtig öffnete das Mädchen die Post. Ein zusammengefalteter Briefbogen und ein Buch kamen zum Vorschein. Die violette Farbe erinnerte Mira an die Purpurhändlerin Lydia. „Mein Tagebuch" stand vorne auf dem Einband. Ein silbernes Schloss verhinderte, dass man es aufklappen konnte. Ein wenig unschlüssig legte Mira das Geschenk zur Seite. „Jetzt lese ich erst einmal den himmlischen Brief", beschloss sie.

Liebe Mira!

Eine wütende Stimme vermischte sich mit dem Gebrüll eines Esels: Stau in Jerusalem. Die Händler zogen ihr Vieh hinter sich her. Und nun steckte ein graues Langohr mit seiner breiten Ladung fest. Der steinerne Durchlass war zu schmal für die Körbe und das Tier. Nichts ging mehr, keinen Schritt kam man vorwärts. Ich nahm eine Abkürzung.
Am Rand eines staubigen Platzes standen zwei Frauen, die besorgt murmelten. „König Herodes!", schnappte ich auf, bevor die beiden entsetzt verstummten. Dieser Herrscher schreckte vor Gemeinheiten nicht zurück. Er versuchte, besonders den Nachfolgern von Jesus zu

schaden. Niemand wusste, wer das nächste Opfer sein würde. Angst breitete sich aus.
Ich blickte mich vorsichtig um. Man konnte nie wissen, ob die Soldaten auf der Lauer lagen. Sie schienen Geheimnisse zu wittern. Rasch suchte ich die Stände der Händler, die die besten Waren liefern konnten. Ich kaufte Trauben, Öl und Getreide, denn die Vorräte waren knapp geworden. Schon seit Tagen wurde das Haus, in dem ich diente, nicht leer. Immer neue Menschen trafen ein, andere verließen die engen Räume. Hier verbrachten die Nachfolger von Jesus den ganzen Tag im Gebet.

Meine Einkäufe trug ich durch die Gassen in das Haus von Maria, der Mutter von Johannes Markus. Ich, Rhode, war nur eine Dienerin, die Wasser aus dem Brunnen holte und sich ihr Brot verdienen musste. Aber ich arbeitete gerne in diesem Haus in Jerusalem. Maria teilte großzügig und half gerne. Sie nutzte jede Gelegenheit, um mir Neues von Jesus zu berichten. Bald kam es mir vor, als würde ich ihn richtig gut kennen. Der große Schöpfer, der König des Universums, kümmerte sich um mich, die kleine Rhode. Die Rhode, die das Haus fegte und deren Kleid schmutzig war. Jesus sagte, dass ich seine Schwester sei, ein Königskind.
Ich brachte die Lebensmittel nach oben in die Küche. Die Gebete klangen sehr unterschiedlich. „Bitte, kümmere dich um Petrus. Er wird im Gefängnis festgehalten. Aber wir brauchen ihn in der Gemeinde! Er muss freigelassen

werden", bildete Johannes Markus genaue Sätze. Maria seufzte und murmelte voll Vertrauen, dass Petrus ganz bestimmt bald frei sein würde. Sie betete um Weisheit für Herodes. Das wunderte mich. Herodes war unser Feind! Die Zeit wurde knapp. Herodes wollte Petrus bereits morgen öffentlich verhören und sein Urteil sprechen. Und das konnte nur Schreckliches für den Gefangenen bedeuten!

„Rhode, hüte das Tor und höre gut hin!", befahl Maria, und ich nickte ein wenig beklommen. Ständig klopfte es und ich musste zur Holztür rennen. Dort gab es kein Fenster. Maria hatte mir eingeschärft, nur Vertraute ins Haus zu lassen. Die Gefahr, dass Spitzel Einlass begehrten, ließ mich kribbelig werden. Vielleicht lauerten beim nächsten Klopfzeichen die Soldaten im Hof? Atemlos lauschte ich und half noch mehr Menschen, in das jetzt schon überfüllte Haus zu kommen.

Es war spät und wieder hämmerte jemand an das Tor. Meine Beine schwankten müde. Das Gähnen verging mir sofort, als ich die Stimme von draußen hörte. Sie rief erneut. Unfassbar! Sofort stürzte ich die Treppe wieder nach oben. „Es ist Petrus!", rief ich im ersten Raum und hetzte weiter. „Petrus steht unten am Tor!", unterbrach ich die Betenden.
Eine unheimliche Stille breitete sich aus. Einer hielt mich fest, musterte mich prüfend: „Du bist verrückt!", musste ich mir anhören.

„Nein! Petrus hat an die Tür geklopft!", beteuerte ich. Jetzt hörte man das Trommeln bis in alle Winkel.
„Eine Falle!", hauchte jemand besorgt. Ein paar Mutige schlichen die Stufen nach unten. Sie beratschlagten ein letztes Mal und öffneten die Tür. Kalte Luft strömte ins Innere des Hauses. Petrus trat ein. Er wurde stürmisch begrüßt.

Ich erschrak: Vor lauter Freude über seine Freilassung hatte ich Petrus vor dem Tor warten lassen. Dabei sollte ich alle Freunde sofort ins Haus holen! Ich versteckte mich. Petrus würde sich gewiss über die miese Behandlung beschweren.
Mit einer Handbewegung sorgte der Mann für Ruhe und begann zu reden: „Angekettet zwischen zwei Bewachern war ich endlich eingeschlafen. Das Gefängnis ist ein finsterer Ort, voller Kälte und Angst. Umso überraschter war ich, als es plötzlich hell wurde. Ein Engel berührte mich und befahl mir aufzustehen. Klirrend fielen meine Ketten auf die Erde. ‚Zieh dich an!', hörte ich. Ungehindert folgte ich meinem Begleiter nach draußen. Unvermittelt stand ich im Staub der Straße mitten in Jerusalem. Ich war allein. Entschlossen eilte ich durch die Gassen. Und hier bin ich, ein freier Mann!" Petrus verstummte und ich schielte vorsichtig in seine Richtung. Kein Wort über mein unmögliches und unhöfliches Verhalten schloss sich an.
„Erzählt die Geschichte den anderen Geschwistern!",

sagte Petrus und verschwand durch die Tür hinaus in die Nacht.
Herodes war furchtbar zornig, als er die Flucht seines berühmten Gefangenen bemerkte. Selbst Ketten, Schwerter und Schlösser können Gottes Macht nicht aufhalten! Jesus ist einfach stärker.

Viele Grüße aus Jerusalem,
Rhode

Unten auf dem Brief klebte ein kleiner silberner Schlüssel. Sofort steckte ihn Mira in das Schloss des Tagebuches. Es klickte leise, als sich die Verriegelung löste. Direkt auf der ersten Seite entdeckte Mira eine verschnörkelte Ranke und die bekannte ordentliche Schrift. Das Mädchen las murmelnd:

Liebe Mira!
Hier ist Platz für schöne und traurige Dinge. Sachen und Menschen, die dir wichtig sind, und deine Erlebnisse kannst du aufschreiben.
Himmlische Grüße, Oma und Opa

Mira lächelte und begann neugierig in dem Buch zu blättern. Noch war es leer, doch das Mädchen nahm sich fest vor, die Seiten zu füllen. Mit den Worten „Tagebuch von Prinzessin Mira" sollte es anfangen.

Seht, wie viel Liebe unser himmlischer Vater für uns hat, denn er erlaubt, dass wir seine Kinder genannt werden – und das sind wir auch!

1. Johannes 3,1

Dicke Dankeschön-Kronen für
Anita Schalk und Marcella Zapp für die Idee
sowie Tanja Husmann für die Zeichnungen.

„Lies mit mir!" – die beliebte christliche Erstlesereihe!

Juliane Jacobsen, Tanja Husmann (Illustr.)
Lotte und die frechen Ponys

Lotte und ihre Freundinnen lieben Ponys. Ganz besonders die Shettys in ihrem Kutschclub! Die Ponys halten die Mädchen ganz schön auf Trab, denn sie haben jede Menge Unsinn im Kopf. Doch plötzlich geschehen seltsame Dinge...

Gebunden, 15 x 21 cm, 80 S., 4-farbig
ISBN: 978-3-417-28916-9

Silvia Konstantinou, Daniel Fernández (Illustr.)
Beste Freunde und ein Hund

Lukas wünscht sich nichts mehr als einen Hund und fängt an, ernsthaft dafür zu beten. Als dann Lenas Eltern überraschend einen Welpen aufnehmen, ist Lukas sauer: Er betet und seine Freundin bekommt einen Hund?

Gebunden, 15 x 21 cm, 80 S., 4-farbig
ISBN: 978-3-417-28917-6

Silvia Konstantinou, Tanja Husmann (Illustr.)
Hannas Traum vom Ballett
Sonderausgabe zum kleinen Preis

Hanna wünscht sich nichts sehnlicher, als Ballett zu tanzen. Doch als ihr großer Wunsch in Erfüllung geht, kommen Schwierigkeiten auf sie zu. Wie gut, dass ihre Lehrerin immer ein offenes Ohr für die Anliegen der Kinder hat! Sie gibt Hanna den Rat, auf Gott zu vertrauen.

Kartoniert, 15 x 21 cm, 48 S., 4-farbig
ISBN: 978-3-417-28880-3

Spielen • Glauben • Rätseln • Wissen

In KLÄX, dem Magazin für Kids ab 7, steckt jede Menge Spaß, Wertvolles und Wissenswertes: Comics, Glaubens-Basics, Juniorreporter unterwegs, Bibelstorys, Tierinfos, Poster, Rätsel und vieles mehr. KLÄX begleitet junge Leser ein Stück auf ihrem Weg durch die Welt und mit Gott.

Ein Abonnement (10 Ausgaben im Jahr) erhalten Sie in Ihrer Buchhandlung oder unter:

www.bundes-verlag.net

Deutschland:
Tel.: 02302 93093 910
Fax: 02302 93093 689

Schweiz:
Tel.: 043 288 80 10
Fax: 043 288 80 11

www.klaex.net